TRAITÉ

DES DEUX PUISSANCES,

OU

MAXIMES

SUR L'ABUS.

AVEC les Preuves tirées du Droit Canonique, des Principes du Droit Public & de l'Histoire.

Par M. l'Abbé DE FOY, Licentié en Droit de la Faculté de Paris, & Chanoine de l'Eglise de Meaux.

Consilium pacis erit inter illos duos.
Zach. 6°. v. 13.

A PARIS,

Chez LAURENT D'HOURY Fils, Imprimeur-Libraire, rue de la Vieille-Bouclerie, au S. Esprit, & au Soleil d'Or.

M. DCC. LII.
Avec Approbation & Privilége du Roi.

APPROBATION.

J'Ai lû par ordre de Monseigneur le Chancelier un Manuscrit intitulé *Maximes sur l'Abus, avec les Preuves tirées de l'Histoire & des principes du Droit Public :* Je n'y ai rien trouvé qui puisse en empêcher l'impression. A Paris ce 2 Décembre 1751. MOUSSIER, *Subftitut de M. le Procureur Général du Grand Conseil.*

PRIVILEGE DU ROI.

LOUIS, PAR LA GRACE DE DIEU, ROI DE FRANCE ET DE NAVARRE : A nos amés & féaux Conseillers les Gens tenant nos Cours de Parlement ; Maîtres des Requêtes ordinaires de notre Hôtel, Grand-Conseil, Prevôt de Paris ; Baillifs, Sénéchaux, leurs Lieutenans Civils, & autres nos Justiciers qu'il appartiendra, SALUT. Notre amé LAURENT-CHARLES D'HOURY fils, Imp. Lib. à Paris, Nous a fait exposer qu'il desireroit faire imprimer & donner au Public un Ouvrage qui a pour titre *Maximes sur l'Abus avec les Preuves tirées de l'Histoire & des Principes du Droit, &c.* s'il nous plaisoit lui accorder nos Lettres de privilége pour ce nécessaires ; A CES CAUSES, voulant favorablement traiter l'Exposant, Nous lui avons permis & permettons par ces Présentes, de faire imprimer ledit Ouvrage en un ou plusieurs volumes, & autant de fois que bon lui semblera, & de le vendre, faire vendre & débiter par tout notre Royaume pendant le tems de six années consécutives, à compter du jour de la datte des Présentes ;

Faisons défenses à tous Imprimeurs , Libraires &
autres personnes de quelque qualité & condition
qu'elles soient , d'en introduire d'impression étran-
gére dans aucun lieu de notre obéissance ; comme
aussi d'imprimer , ou faire imprimer , vendre ,
faire vendre , débiter, ni contrefaire ledit Ouvrage , ni d'en faire aucun extrait, sous quelques pré-
textes que ce soit , d'augmentation , correction ,
changement , ou autres , sans la permission expresse
& par écrit dudit Exposant ou de ceux qui auront
droit de lui , à peine de confiscation des Exemplaires contrefaits , detrois mille livres d'amende contre chacun des contrevenans ; dont un tiers à Nous,
un tiers a l'Hôtel-Dieu de Paris , & l'autre tiers audit Exposant , ou a celui qui aura droit de lui , &
de tous dépens, dommages & intérêts : à la charge
que ces Présentes seront enregistrées tout-au-long
sur le Regiftre de la Communauté des Imprimeurs
& Libraires de Paris , dans trois mois de la date
d'icelles ; que l'impression dudit Ouvrage sera faite
dans notre Royaume , & non ailleurs ; en bon pa-
pier & beau caractere , conformément à la feuille
imprimée , attachée pour modele sous le contre-
scel des Préfentes ; que l'Impétrant se conformera
en tout aux Réglemens de la Librairie , & notam-
ment à celui du dixiéme Avril mil sept cent vingt-
cinq ; qu'avant de l'exposer en vente , le Manufcrit
qui aura fervi de Copie à l'impreffion dudit Ouvrage fera remis dans le même état où l'Approbation y aura été donnée , ès mains de notre très-
cher & féal Chevalier Chancelier de France le Sieur
DE LA MOIGNON ; & qu'il en fera enfuite remis
deux Exemplaires dans notre Bibliothéque publique, un dans celle de notre Château du Louvre,
& un dans celle de notre très-cher & féal Chevalier Chancelier de France , le Sieur DE LA MOI-

GNON , & un dans celle de notre très-cher & féal
Chevalier Garde des Sceaux de France le Sieur DE
MACHAULT , Commandeur de nos Ordres ; le tout
à peine de nullité des Préfentes. Du contenu defquelles vous mandons & enjoignons de faire jouir
ledit Expofant ou fes ayant caufe, pleinement &
paifiblement, fans fouftrir qu'il leur foit fait aucun trouble ou empêchement. Voulons que la
Copie des préfentes , qui fera imprimée tout au
long au commencement ou a la fin dudit Ouvrage,
foit tenue pour dûment fignifiée ; & qu'aux co-
pies collationnées par l'un de nos amés & féaux
Confeillers-Secrétaires , foi foit ajoutée comme à
l'original. Commandons au premier notre Huiffier
ou Sergent fur ce requis de faire pour l'exécution
d'icelles tous actes requis & nécellaires , fans demander autre permiffion , & non-obftant Clameur
de Haro , Chartre Normande , & Lettres à ce contraires : CAR tel eft notre plaifir. DONNE à
Verfailles le vingt - deuxiéme jour du mois de
Février, l'an de grace 1738. & de notre Régne le
trente-feptiéme. Par le Roi en fon Confeil ,

SAINSON. Et fcellé.

*Regiftré fur le Regiftre de 12. de la Chambre
Royale des Libraires & Imprimeurs de Paris ,
N°. 583. conformément aux anciens Reglemens ,
confirmés par celui du 28 Février 1723. à Paris
le 7 Mars 1752.*

HERISSANT , *Adjoint.*

E R R A T A.

Pages 14. AU bas. Notte (*a*) *Can.* 11º. *lisez Can. petimus* 19º. *c.* 11 . *q.* 1.
à la fin de cette même ligne, ajoûté après *trid. ff.*

32. Lig. 2. ces , *lisez* ſes.

59. Au bas de la Page. Notte (*a*) *ſuas* , *lisez ſuos.*

71. Lig. 10. *tenarèm* , *lisez tenorem.*

80. Lig. 12. *cuſtodiant* , *lisez cuſtodient.*

90. Lig. 18. Horeden , *lisez* Hoveden.

102. Lig. 5. *meduntæ* , *lisez meduntâ.*

310. Lig. 19. *claramontenſis* , *lisez cloromontenſis.*
même faute ligne 22.

117. Lig. 26. *diverſa* , *lisez diverſæ.*

118. Lig. 19. *axiliante* , *lisez auxiliante.*

128. Au bas de la pag. Notte (*b*) *rigardum* , *lisez rigordum.*

140. Lig. 26. L. 1. ff. 1. *lisez* L. 9. § 1. ff.

141. Lig. 15. Dioceſes , *lisez Dœcêſes.* l. 18.
même p. *conſuedo* , *lisez conſuetudo.* l. 20.
même p. *Dioceſeon* , *lisez Diœceſeon.* l. 24.
reſcipiciunt , *lisez reſpiciunt.*

145. Lig. 6. pourroit-il , *lisez* pouvoit-il. même
p. 8. le Roi pourroit-il , *lisez* pouvoit-il.

148. Lig. 3. pourvoit, *lisez* ne peut pourvoir.

158. Lig. 15. On a obmis l'endroit de la citation ,
lisez regul. de publ. n. 292.

182. Lig. 6. aux, *lisez* ou.

210. Lig. 19. le , *lisez* ce.

236. Lig. 12. ſemble , *lisez* ſemblable.

237. Lig. 5. fotains , *lisez* forains.

246. Lig. 14. indécente , *lisez* incidente.

300. Lig. 9. principe Official , *lisez* principe que l'Official.

333. Lig. 8. juſ-jourd'hui , *lisez* juſqu'à aujour-d'hui.

❋❋❋❋❋❋❋❋❋❋❋

PRE'FACE.

LE Sacerdoce & l'Empire font deux puissances réciproquement indépendantes, mais unies. (*a*) L'une & l'autre ne relevent que de Dieu. Les chofes faintes font l'appanage du Sacerdoce ; les chofes civiles & temporelles font réfervées aux Rois ; l'Ordre Sacerdotal & obéit à l'Empire, pour le temporel ; l'Empire eft

(*a*) *Quare neque eam admitimus utriufque poteftatis, civilis nimirum & Ecclefiaftica fubordinationem.* Boffuet *Deff. declar. prop. Cleri Gall. p. 2. l. 5. cap. 23.*

ſoumis au Sacerdoce, pour le ſpirituel.

Les droits de ces deux Puiſ-ſances ſont diſtingués les uns des autres : la Providence les a dé-poſés dans des mains différen-tes, afin qu'on puiſſe les diſcer-ner plus aiſément, & que l'or-dre qu'elle a établi dès le com-mencement puiſſe ſubſiſter juſ-qu'à la fin.

Ces droits ſont ſéparés par des bornes qui ne ſont pas moins évidentes qu'elles ſont immua-bles. Cet ordre, cette harmonie que la Sageſſe éternelle a voulu qui régnaſſent dans le monde, ſeroient troublés, ſi ces deux Puiſſances ne reſpectoient éga-lement l'une & l'autre ces bornes. Si le spirituel est une limite ponr les Princes temporels dans l'administration de leur Puissance ; s'ils ne doivent ni décider des dogmes de la foi, ni usurper le pouvoir de lier ou de délier les consciences : il est de même défendu aux Ministres des Autels de s'arroger quelqu'autorité sur le temporel des Rois, sur le tribut qui leur est du, & sur l'usage qu'ils en font.

Ces deux Puissances cependant sont établies pour commander sur la terre de la part de Dieu, & pour conduire les hommes à une même fin : c'est pourquoi elles se doivent un secours mutuel : la paix, l'union & la concorde doivent régner entre les. *Zorobabel*, dit le Seigneur, *fera affis fur fon Throne, il y fera revêtu de gloire & il dominera; & le Pontife, ou le Sacrificateur, fera également affis fur le fien, & il y aura un Confeil de paix entre eux deux.* (a)

La gloire de Dieu & la félicité publique, font les fruits précieux de cette union. Rien n'intéreffe autant les hommes que ces deux objets; parce que le culte de Dieu eft ce qu'il y a de plus grand fur la terre, & parce que la vie n'eft un bien pour les hommes, que lorfqu'elle eft accompagnée de cette heureufe paix, que donne la concorde entre les Puiffances. Rien ne

(a) Zach. 6°. v. 13°.

mérite donc autant l'étude, l'application & les méditations du Citoyen & de l'Homme Chrétien que la récherche des moïens qui peuvent entretenir cette concorde: Rien non plus n'eſt autant digne du zéle d'un Miniſtre de la Religion.

Les Rois ont leurs Officiers; l'Egliſe a ſes Miniſtres: les uns & les autres, dépoſitaires du pouvoir ſuprême de ces deux Puiſſances, ſont en quelque ſorte les arbitres de la paix & de l'union entre elles, par l'uſage qu'ils font de ce pouvoir. Il ne ſuffit pas qu'ils ayent pour guide l'amour du bien, de la juſtice & le déſintéreſſement; il faut encore que la ſcience les éclaire : l'ignorance des fiécles paffés , bien plus encore que leur corruption , a caufé tous les maux qu'ont fouffert l'Eglife & l'Etat, c'eft elle qui a allumé la difcorde entre ces deux Puiffances dans le douziéme & le treiziéme fiécles. La connoiffan-donc & l'étude des droits du Prince , de ceux de l'Eglife & de leurs limites ; eft de tous les moyens le plus propre pour les faire régner & gouverner d'intelligence.

Les Prêtres doivent être fçavans, & l'objet principal de leur fcience font les Saintes Ecritures & les régles de la conduite des mœurs. Ils font la lumiere du monde, ils doivent l'éclairer

par leur doctrine, & empêcher
que l'erreur ne séduise l'esprit
& ne corrompe le cœur. Ils sont
le sel de la terre, & ils doivent
édifier par la pureté de leur vie,
par la droiture de leurs intentions, par le plus vif amour pour
la justice, par le plus grand
désintéressement, par la pratique de toutes les vertus chré-
tiennes. Mais les Prêtres que les
premiers Pasteurs établissent Juges, ceux avec lesquels ils par-
tagent, pour ainsi dire, l'honneur & la sollicitude de l'Episcopat, doivent encore être sçavans dans les Pratiques anciennes & modernes de l'Eglise ; ils
doivent une étude particuliére
aux Canons, aux Loix du Prin-

ce , aux Coutumes des lieux ; ils doivent s'inſtruire de la Juriſprudence des Cours ſupérieures ſur les matiéres Canoniques & Bénéficiales.

Dès-lors , ces Prêtres établis pour exercer la Juriſdiction de l'Egliſe , en ſoutiendront les droits ſans entreprendre ſur ceux du Souverain ; la cupidité & tout intérêt humain céderont en eux à l'amour de nos précieuſes Libertés. Dès-lors , ces Juges marcheront d'un pas aſſuré , même dans les matiéres les plus délicates ; ils ne formeront plus de doutes , ni d'opinions incertaines ſur des points décidés , ſoit par les Loix , ſoit par l'uſage ; ils connoîtront le danger de céder trop aifément à l'autorité des préjugés. Dès-lors, enfin, on verra le Confeil du Prince, & fes Parlemens, plus occupés à défendre les Jugemens des Cours d'Eglife, qu'à les réformer.

Quel étoit le but de M. de Marca, (*a*) de M. Boffuet, (*b*) de Fevret, du Préfident le Maître (*c*) & de Meffieurs Pithou & Dupuis, (*d*) dans les écrits favans que ces Grands Hommes ont donnés au Public ? Rechercher avec fcrupule les bornes qui limitent la Jurifdiction des deux Puiffances ; montrer par des raifonne-

(*a*) *Concord. Sacerd. & Imp.*
(*b*) *Deff. decl. prop. Cleri gall. &c.*
(*c*) Traités de l'abus.
(*d*) Comment. fur les Lib. de l'Egl. Gall.

 PRE´FACE

mens folides que l'abus qu'elles pourroient en faire, feroit une fource de défordre & de trouble dans l'Etat ; établir des principes inconteftables, donner des régles fures pour empêcher les entreprifes réciproques de la part de ces deux Puiffances. Leurs vues ne pouvoient porter fur un objet ni plus haut, ni d'une utilité plus grande ; c'étoit de rétablir pour toujours entre ces Maîtres du monde, la bonne intelligence & l'union, que la haine & l'envie de leurs Officiers & de leurs Miniftres avoient troublés.

Ces Hommes illuftres étoient en effet fi fçavans dans l'Hiftoire Sainte & Profane de tous les siécles, ils étoient si instruits des maximes du droit naturel, si versés dans toutes les questions du Droit Civil & Public, qu'ils ont développé avec autant de justesse que de précision, toutes les parties & toute l'étendue des droits du Souverain, & de la Jurisdiction Ecclésiastique ; ils en ont exposé, discuté & décidé toutes les questions avec netteté ; ils ont par tout concilié le Civil avec le Canonique, & par tout ils ont gardé ce tempéremment heureux, qui sans intéresser ni l'Eglise ni l'Etat, conserve & assure à l'une & à l'autre les droits qui leur appartiennent.

Les Ouvrages qu'ils nous ont

laiſſés ſont les ſources ou j'ai puiſé les Principes & les Maximes ſur l'Abus, que contient cet Ouvrage.

J'ai eu pour deſſein principalement de donner au Clergé de France des preuves de mon zéle, en abbrégeant aux Officiaux les difficultés qu'ils rencontrent dans l'étude des Auteurs qui traitent des Droits du Roi & de la Juriſdiction de l'Egliſe.

Comment, en effet, ſans un travail de pluſieurs années, pourroient-ils raſſembler un ſi grand nombre de déciſions ſur cet objet important, répandues en tant de Volumes différens, où elles ſont la plûpart ſans ordre? Et les autres occupations

de leur Miniſtére ne ſouffri-
roient-elles pas de leur trop
d'aſſiduité à ce travail ? Quelle
peine ne faudroit - il pas qu'ils
priſſent pour ſe former ſur toutes les parties de ce ſujet, une
ſuite de principes pour décider
les queſtions à meſure qu'elles
ſe préſentent , pour concilier
des Loix qui paroiſſent oppo-
ſées , pour diſtinguer dans les
Canons & dans les Decrétales
ce qui eſt obſervé d'avec ce qui
eſt contraire à notre Droit & à
nos Uſages?

C'eſt pour leur faciliter , &
aux autres Eccléſiaſtiques établis pour exercer la Juriſdiction de l'Egliſe , l'étude longue
& pénible de l'Abus, que j'ai

réduit en maximes les principales décifions fur cette matiére ; de maniére que l'on voit
aifément, par l'ordre danslequel
je l'ai traitée , les définitions ,
les divifions, les principes généraux , & même le détail des
queftions ordinaires.

Je me fuis attaché à n'avan-
cer aucune propofition qui ne
fût claire par elle-même , ou
qui ne fût précédée ou fuivie
de tout ce qui eft néceffaire pour
la faire entendre.

J'ai rapporté fous chaque
maxime la preuve de la décifion
qui y eft contenue ; & cette
preuve eft tirée des Canons &
des Decrétales recuellis dans le
Corps du Droit Canonique, qui

font fuivis parmi nous, des dé-
cifions du Concile de Trente,
par rapport aux Articles qui ne
font point contraires à nos Li-
bertés ; de la Pragmatique-
Sanction de Charles VII. & du
Concordat fait entre Léon X.
& François I. des Edits & des
Ordonnances de nos Rois ; des
Articles des Libertés de l'Eglife
Gallicane ; des Décifions du
Clergé affemblé ; des Arrêts de
Réglement des Parlemens ; en-
fin, du fentiment de nos Jurif-
confultes les plus accrédités.

Heureux fi j'ai rempli mon
deffein, & fi mes vûes font
agréés ; heureux fi mon zéle
pour le bien de l'Etat, pour
l'honneur du Prince & pour le

véritable intérêt du Clergé ; supplée aux yeux du Lecteur, à ce qui peut m'avoir manqué de pénétration & d'expérience nécessaires , pour exposer avec circonspection les limites du pouvoir de deux Puissances , auxquelles tous les hommes doivent également le respect & la soumission.

TABLE

TABLE DES CHAPITRES.

Fin de la Table des Chapitres.

MAXIMES
SUR L'ABUS,
AVEC LES PREUVES
TIRÉES DE L'HISTOIRE.

CHAPITRE PREMIER.
De l'Abus en général.

'ABUS en général eſt l'uſage illicite d'une choſe. *Illicitus uſus abuſio eſt. (a)*

MAXIME I.

Les Princes abuſeroient de l'autorité que Dieu leur a donné ſur les peuples,

(a) *Prob. in pragmat. tit. de Collat.*

A

s'il s'en fervoient pour les opprimer, parce qu'elle eſt eſſentiellement deſtinée à
leur ſoutien & à leur ſoulagement. Les
Chefs de l'Egliſe abuſeroient également
du glaive ſpirituel & des clefs qui leur ſont
confiées, s'ils s'en ſervoient pour ſéduire
les hommes, parce que l'objet de la puiſſance qu'elles leur donnent eſt le ſalut de
ceux qui leur ſont ſoumis.

Maxime II.

La diſtinction des deux Puiſſances qui
gouvernent les hommes, eſt l'ouvrage
de l'Etre infini qui les a créés : à l'Egliſe
il a donné le ſpirituel, & le temporel
aux ſeuls Princes. *In unam quamcumque
gentem præpoſuit rectorem.* (a)

Ce ſeroit un abus que l'uſage que les
Miniſtres des autels feroient de leur puiſſance, s'ils l'exerçoient ſur des choſes
temporelles ; l'uſage que les Princes prétendroient faire de leur autorité ſur les
choſes purement ſpirituelles, ſeroit une
uſurpation ; ce ſeroit également un
abus. C'eſt de ces deux ſortes d'abus
que nous entreprenons de traiter ici.

Toutes les loix en général ſont de deux

______
(a) *Eccleſ.* c. 17. v. 14.

fortes, les unes regardent la Religion, & les autres la police du temporel : chacune de ces deux efpéces de loix ont leur Légiflateur particulier & leurs matiéres propres ; & quoique ces loix, différentes entre-elles, ayent pour fin commune l'obfervation des devoirs de la Religion & le bien de la Société, *(a)* les deux Puiffances qui les portent font indépendantes l'une de l'autre, leur autorité s'exerce différemment, leurs opérations portent des caractères diftinctifs. Auffi dès que l'une ou l'autre de ces deux Puiffances ne demeure pas dans les bornes de fon étendue, ou que l'une & l'autre fe font des entreprifes réciproques, pour lors elles abufent de leur autorité.

M A X I M E III.

De cette fin commune qu'ont les loix, il fuit qu'il doit y avoir une union trèsétroite entre les deux Puiffances qui les portent ; elles doivent fe foutenir mutuellement, afin que tout ce qui dépend du gouvernement temporel fe rapporte au fpirituel, dont l'objet eft la fin der-

______

(a) *Marca.* 1ᵃ. *Præfat. concord. Sacerd. & imp.*

niere dés hommes. C'eſt pourquoi il eſt de la puiſſance & du devoir des Princes de donner à l'Egliſe dans leurs états toute la protection & tout le ſecours dont elle peut avoir beſoin, comme il eſt du devoir de ceux qui exercent le miniſtere ſpirituel, d'enſeigner & d'inſpirer à tous les hommes la ſoumiſſion & l'obéiſſance aux puiſſances temporelles.

La juſte diſpenſation de l'une & de l'autre de ces Puiſſances, dans les bornes de leur étendue, les unit, les concilie.

Les entrepriſes réciproques de ces deux Puiſſances, donnant à leur miniſtere une étendue qui ne convient pas, troublent au contraire, l'ordre qui doit régner entr'elles, les déſuniſſent ; ce ſont des abus.

Les Anciens ont donné différens noms à ces entrepriſes. Au commencement du treiziéme ſiécle on appelloit en France celles que les Eccléſiaſtiques faiſoient ſur les droits du Roi, ou ſur ceux qui exerçoient ſon autorité, *damna & grandia gravamina (a)* dans le Droit Canonique *exceſſus. (b)*

____

(a) Ch. 7. des preuv. des lib. de l'Egl. Gall.
(b) *Cap. immunitatem* 10. *de immunit. Eccleſ.*

L'Empereur Frederic se plaignant à la Cour de Rome d'une sorte de tyrannie, que les Evêques exerçoient sur les peuples & sur les Ecclésiastiques du second ordre, caracterise ainsi le mauvais usage que ces Prélats faisoient de leur autorité. *De illis* Abusionibus *quibus omnes ecclesiæ nostræ gravatæ sunt. (a)*

En 1385. Charles VI. Roi de France, rendit un arrêt solemnel, par lequel ce Prince déclare, que ne tenant sa Couronne que de Dieu, il en maintiendra les droits contre les attentats de la puissance spirituelle. *Et potissime in his quæ Jurisdictionem temporalem concernant, tueri ac deffendere (volumus) nec non cessare, seu revocari facere omnes interprisias offensiones & abusus per Jurisdictionem spiritualem factos, seu factas in Jurisdictionis temporalis præjudicium. (b)*

Dans des tems moins reculés, on qualifioit encore les prétentions de quelques Evêques, sur les choses que l'on ne pensoit pas être du ressort de leur tribunal, d'excès, d'usurpations *Excessus , gravamina , & usurpationes quas Prælati Franciæ vel*

_____

(a) *Apud Radevicum lib.* 1°. *cap.* 16°.
(b) Preuves des lib. de l'Eglise Gall. ch. 7.

eorum officiales aut judices faciebant in præ-judicium jurifdicti nis temporalis , tam regis quam dominorum temporalium (a)

La politeffe des deux derniers fiécles a banni ces noms fi durs , & le droit s'eft reftreint à celui d'*abus* , pour défigner les entreprifes reciproques de la puiffance fpirituelle & temporelle.

MAXIME IV.

La protection que les Princes doivent à l'Eglife dans leur état , s'étend à faire exécuter fes loix , à punir ceux qui les violent d'une maniere à troubler l'ordre extérieur, & à faire même des loix pour maintenir celles de l'Eglife & la difcipline Eccléfiaftique.

Cette protection eft générale pour toutes les loix de l'Eglife, les Princes doivent l'accorder pour tous les points qu'elle met au nombre des vérités de la Religion, & à tout ce qu'elle ordonne & régle pour la difcipline & la police purement fpirituelle ; & comme les Eccléfiaftiques eux-mêmes font obligés d'obferver ces loix, d'obéir à ces Reglemens,

____

(a) *Somn. virid. parte* 2ᵉ.

les Princes ont le droit & le pouvoir de les y contraindre, également que leurs autres sujets.

Mais s'il est de la puissance temporelle des Princes de maintenir les loix de l'Eglise, n'est-il pas aussi de leur devoir de se maintenir eux-mêmes contre les entreprises des ministres de l'Eglise, qui les blesseroient en quelqu'un des droits & des fonctions qu'ils tiennent immédiatement de Dieu?

Le Prince pourvoit à cette double entreprise de la maniére qui est en usage dans ses états. En France, on appelle de ce qui a été ordonné contre les régles de l'Eglise, par les ministres même de l'Eglise, & ce sont ces sortes d'appels que l'on qualifie d'appellations comme d'abus ; parce qu'elles tendent à réformer l'abus qu'ont fait les Ministres & les Juges d'Eglise de leur autorité. C'est aussi par cette même voie que nos Rois sont en usage de faire réformer ce que les Ministres & les Juges d'Eglise entreprennent contre leurs droits, leurs Edits, leurs Ordonnances & leurs Loix.

Que les Rois doivent une protection singuliere à l'Eglise, qu'ils rendent des ordonnances pour faire observer ses loi, qu'ils décernent des peines contre les réfractaires, c'est une partie du minif-tere du gouvernement temporel. L'anti-quité la plus reculée leur affure ce droit, par l'ufage conftant de l'exercer; il eft aifé de voir par les conftitutions des premiers Empereurs Chrétiens, & fin-gulierement par la Novelle fixiéme de Juftinien, toutes les gradations que leur piété leur a fait faire, dans le foin & l'intérêt qu'ils ont penfés devoir prendre pour les chofes faintes. Car de peur que les canons ne fuffent violés, & la difci-pline qu'ils établiffent ne fut altérée ; les Empereurs, auffi-tôt qu'ils les avoient reçus, les faifoient munir de leur fceau, & rendoient des ordonnances pour les faire obferver. *Non folum*, dit M. de Marca, *lege generaliter latâ canones, ad-verfus novitates vindicabant (Imperatores) fed etiam fpecialiter injuriam illatam in judi-ciis canonicis per canonum violationem, de-cretis fuis refarciebant.* (a)

Ce même devoir, ce pouvoir des Empereurs de faire obferver les loix de l'Eglife, les obligeoit auffi à ne pas fouf-frir qu'il fut contrevenu à ces loix par les

______

(a) *Concord. facerd. & imp. l. 4. cap.* 2.

miniftres mêmes de l'Eglife, ils étoient de droit les Juges des abus qui s'y commettoient ; *fi quis*, ajoute M. de Marca, *ad eos querelam fuam deferret, cui rei ex officio incumbebant, non folum quod canonum cuftodia illis commiffa effet, fed etiam quod civium & præcipue clericorum patrocinium & tranquilitatis publicæ cura ad eos fpectaret. (b)*

Cette protection étoit avouée de l'Eglife univerfelle ; le fouverain Pontife, tous les Evêques, reconnoiffoient les Empereurs pour les Juges, les Réparateurs des entreprifes faites contre les canons & la difcipline de l'Eglife. On trouve parmi les actes du Concile de Calcédoine, une requête d'Eufebe, Evêque de Dorilée, adreffée à l'Empereur Marcien, dans laquelle il fe plaint de ce que Diofcore Patriarche d'Alexandrie, fon Métropolitain, l'avoit accufé dans le Concile d'Ephêfe, contre les régles prefcrites par les canons, & il lui demande juftice. *intentio*, dit cet Evêque, *& propofitum eft majeftatis veftræ univerfis quidem fibi fubditis prævidere & manum porrigere omnibus injufte oppreffis præcipuè tamen fungentibus fa-*

(a) *Ibidem.*

*cerdotio.... Ergo quoniam multa & dira &
contra omnem confequentiam, fides quæ in
Chriftum eft, & nos fumus perpeffi à reveren-
diffimo Diofcoro Epifcopo Alexandriæ magnæ
civitatis, adimus veftram pietatem fupplican-
tes juftitiam promereri.* (a)

Dans l'action onziéme de ce même
Concile, on trouve une requête adreffée à ce même Empereur, par Baffien
Evêque d'Ephêfe, qui fe plaignoit d'avoir
été injuftement chaffé de fon fiége, &
qui reclame l'autorité de ce Prince pour
y rentrer. Dans la treiziéme action, nouvelles plaintes de la part d'Eunomius Evêque de Nicomedie, qui accufe Anaftafe
de Nicée, d'ufurpations : *Imperium*, dit
Eunomius, *Principi collatum eft ad falu-
tem orbis & pacem ecclefiarum.*

S. Athanafe appella à Conftantin, du
jugement que les Evêques affemblés dans
un Concile à Tyr, prononcerent contre
lui ; & l'Empereur reçut fon appel ; &
rem geftam narrabo, dit M. de Marca ; *ut
omnibus pateat hanc appellationem ejus gene-
ris effe quæ hodiernis appellationem TAN-
QUAM AB ABUSU formulis apprime ref-
pondet.* (a)

(a) *Aĉt.* 1ª. *Conc. Calced.*
(b) *Concord. Sacerd. & imp. lib.* 4º. *cap.* 2º.

En effet, l'appel d'Athanaſe étoit fondé ſur quatre moyens qui caractériſeroient, dans notre Juriſprudence, un appel comme d'abus.

Le premier, que l'on n'avoit pas eu d'égard à la récuſation que l'accuſé avoit faite de quelques Evêques du Concile. Le ſecond, que la commiſſion pour informer du délit, n'étoit donnée que de la part de quelques Evêques, & non pas au nom de tout le Concile. Le troiſiéme, que les Commiſſaires qui avoient fait l'information, étoient notoirement connus pour ennemis irréconciliables d'Athanaſe. Le quatriéme, que l'on n'avoit point lû les chefs d'accuſation à Athanaſe, qu'il n'avoit point été confronté avec ſes accuſateurs ; & qu'enfin, quoiqu'il fût abſent, & ſans l'avoir ouï, on avoit prononcé ſon jugement.

Jamais violence ne fut plus caractériſée ; le jugement de ce ſaint Evêque avoit été prononcé au mépris de la forme & des régles uſitées & preſcrites par les canons & par les loix de l'état ; qui donc avoit le droit de réformer ce jugement, ſinon l'Empereur qui devoit juſtice à Athanaſe comme ſon ſujet, comme membre de l'Egliſe, dont il étoit le

proteċteur, comme ſe plaignant du mépris des canons, dont il étoit le déffen-
ſeur ? Et Athanaſe pouvoit-il dans ces
circonſtances recourir à d'autre tribunal,
qu'à celui de l'Empereur : *& ex Athanaſii,*
dit M. de Marca, *libellis & reſcripto Conſ-*
tantini apertiſſime conſtat Athanaſium exiſti-
maſſe in hïs anguſtiis liberum eſſe afflicto ſubſi-
dium tuitionis Imperatoriæ implorare & Prin-
cipis partes eſſe ut perſpiciat an vis ulla contra
preſcriptum legum & canonum illata ſit. (a)

Ce n'eſt donc point ni nouveauté, ni
uſurpation, que le droit que nos Rois
ont conſtamment exercé, de réformer les
abus que les Eccléſiaſtiques ont fait de
leur autorité, & de s'oppoſer à leurs entrepriſes, ſoit contre les canons, ſoit
contre les droits de leur couronne ; ſuc-
cédans aux Empereurs dans cette partie
de l'Empire, qui forme aujourd'hui la
plus grande étendue de leur Royaume,
ils ont ſuccédé à leurs droits, à leurs
prérogatives ; Clovis, à peine fut revêtu
du caraċtere auguſte de Chrétien, que
les Evêques eux-mêmes lui donnerent le
nom de Proteċteur & de deffenſeur de la
foi de l'Egliſe, & de ſes canons ; c'eſt
avec l'applaudiſſement de toutes les

____

(a) *Ibidem.*

Eglises des Gaules & de celle de Rome même, que Charlemagne *(a)* & ses Successeurs se sont qualifiés dans leurs ordonnances *(b) de Gardes, de Conservateurs, d'Exécuteurs*, de ce que l'Eglise enseigne & ordonne. L'ignorance seule du droit qu'ont les Princes de deffendre les droits sacrés de leur couronne, & de celui qu'ils ont aussi de prendre connoifsance de tout ce qui regarde les loix politiques de l'Eglise dans leurs états, peut excufer les personnes qui ont regardé les appels comme d'abus, comme une nouveauté, ou comme une usurpation ; *id hodie apud nos*, dit M. de Marca, *in foro solemnibus quibusdam formulis expeditur quæ appellationes tamquam ab abusu vulgo dicuntur adversus quas imperitiores rerum nostrarum de novitate præscribunt, ac si res ipsa antiquiori origine non censeretur quam istud forense vocabulum ; cum tamen æquis æstimatoribus facile persuaderi possit rem ipsam, id est tuitionis ecclesiasticæ executionem, iisdem initiis cum regia potestate in ecclesia christiana coaluisse. (c)*

(*a*) Dans ses Capitulaires.
(*b*) Ordonn. de François I. en Juillet 1543. & de Charles IX. du 15. Juillet 1561.
(*c*) *Concord. sacerd. & imp. lib.* 4°. *cap.* 1°.

On n'a pas dans tous les tems qualifié d'appel *comme d'abus*, le recours que l'on a eu soit au Roi, soit à ses Officiers, dans les cas où on avoit à se plaindre des Ministres & des Juges de l'Eglise ; mais dans tous les tems, & dans ces cas, on a reclamé l'autorité du Prince, qui s'est fait reconnoître en rendant la justice par différentes voies, suivant l'usage du tems, & suivant les circonstances ; ce droit se trouve établi par les canons, & reconnu par les Papes dans leurs constitutions. (*b*)

Les appels qualifiés comme d'abus, relevés à la cour de nos Rois, ne sont guères plus anciens que la fin du treiziéme siécle ; on trouve dans le trente-sixiéme chapitre des preuves des libertés de l'Eglise Gallicane, un ancien Cartulaire de l'Eglise de Paris, dans lequel est rapporté l'appel d'un jugement, *tamquam à pravo & falso & dato*, de l'Evêque de cette Ville, relévé au Parlement, sous le regne de Philippe le Hardi.

M. le Président le Maitre, dans son Traité des Appels comme d'abus, (*b*) rapporte deux Arrêts, sur des appels

(*a*) *Can. petimus* 11. *can. q.* 14. *& conc. trid.* 25. *can.* 20.
(*b*) Chap. 5.

des jugemens de l'Evêque & des Archidiacres d'Amiens, l'un du deux Juillet 1336. & l'autre du cinq Mars 1388.

Pasquier dans ses Recherches (*a*) rapporte deux autres arrêts sur des appels comme d'abus, le premier du 11 Avril 1372. contre l'Archevêque de Rouen & son Official, le second du 19 Mars 1409. contre l'Evêque d'Amiens; il s'en trouve un autre de 1449. du Parlement de Paris, dans les preuves des libertés de l'Eglise Gallicane. (*b*)

Au reste, ces appels comme d'abus peuvent être regardés comme l'ouvrage d'un tems d'oppression & de la nécessité; l'Histoire nous apprend que la plûpart des Evêques & presque tous les Juges d'Eglise ne mettoient point de bornes à leur autorité dès le commencement du douziéme siécle.

(*c*) Ils prétendoient alors que tous les actes confirmés par serment étoient soumis à leur Jurisdiction, sous le prétexte de veiller à l'observation du serment : que tout ce qui pouvoit être susceptible

(*a*) Liv. 3 chap. 33.
(*b*) Chap. 7. n. 28.
(*c*) Voyez Pasquier, Recherches de la France, liv. 3. chap. 22.

de péché, étoit de leur reſſort, & conſéquemment qu'ils devoient connoître de tous les actes de la ſociété civile ; les Officiaux trouvoient dans le mariage, parce qu'il eſt Sacrement, un motif apparent, pour connoître de toutes les conventions matrimoniales, & même de l'état des enfans ; parce que des teſtamens contenoient des legs pieux ; ces legs pieux, ſuivant leurs prétentions, ſoumettoient à leur tribunal le teſtament en entier, le ſcellé, l'inventaire, & rendoient de leur reſſort toutes les conteſtations qui pouvoient en réſulter ; enfin ces Clercs prétendoient porter à leur auditoire toutes leurs cauſes réelles & perſonnelles ſans diſtinction, celles des veuves, des orphelins, des priſonniers, des pauvres.

Avant ce tems les miniſtres de l'Egliſe n'avoient point perdu de vûe que la religion étoit entrée dans l'état avec un eſprit de déſintéreſſement, de ſoumiſſion à la puiſſance ſouveraine & de zéle pour ſes intérêts & pour le bien public ; il eſt bien à croire auſſi que nos Rois de la premiere race n'ont point eu à ſe plaindre des entrepriſes ni de la cour de Rome, ni des Evêques de France ; car on ne laiſſe pas de voir, quelque obſcurs que ſoient les

commençemens

commencemens de l'histoire de l'Eglise, & de celle de l'établissement de la Monarchie Françoise, que les Papes dans ces tems n'usoient point de tous les droits que leurs Successeurs ont prétendu faire valoir dans la suite.

Les Papes regardoient nos Rois comme ayans succédé aux Empereurs dans l'Empire des Gaules, ils respectoient en eux l'autorité suprême que les Pontifes de Rome leurs prédécesseurs avoient reconnue dans la personne sacrée des Théodose, des Constantin, comme ils leur avoient prêté serment de fidélité, ils rendoient également ce devoir à nos Rois. Pelage I. envoya, après son élection en 557, sa profession de foi à Childebert, & il lui demanda de confirmer son élection. *(a)*

Paul I. en faisant part de son élection au Pontificat en 757, au Roi Pepin, lui jure amitié & fidélité de la même maniere qu'avoient fait ses Prédécesseurs. Ce Pape s'explique ainsi dans sa Lettre au Roi : *Quod firmi & robusti usque ad animam & sanguinis nostri effusionem, in eâ fide & dilectione & caritatis concordiâ atque pacis fœdere quæ præfatus beatissimæ memoriæ Dominus & germanus meus sanctissimus Pon-*

(a) Preuves des libert. de l'Egl. Gall. chap. 2. t. 2.

tifex vobiscum confirmavit permanentes cum nostro populo permanebimus usque ad finem. (a)

Sous le regne de Charlemagne, les Papes se regardoient encore comme sujets de nos Rois. Telle est la réponse que ce Prince fit à la lettre de Leon III. par laquelle il lui prétoit serment de fidélité, étant élu depuis peu au Pontificat. *Perlectis Excellentia vestra litteris, & audita decretali chartula, valde, ut fateor, gavisi sumus, seu in electionis unanimitate, seu in humilitatis vestra obedientia & in promissionis ad nos fidelitate.* (b)

Les tems de troubles & d'ignorance n'étoient pas encore arrivés ; les Evêques remplis de la morale de Jesus-Christ, & ne perdant point de vue l'exemple des Apôtres, bornoient le ministere qui leur avoit été confié au seul soin des ames ; le zéle qui les animoit à soutenir l'honneur & les prérogatives de l'Episcopat, ne diminuoit point l'humilité & les autres vertus que doivent avoir éminemment les Ministres des autels ; plus occupés à la propagation de la foi & à l'établissement d'une morale pure & sans tache, que d'accumuler des richesses, que

(a) *Ibidem.*
(b) *Ex Synodis Gallia* tom. 2. p. 206.

d'acquérir des honneurs & des priviléges, l'Etat & l'Eglise jouissoient par leurs soins, autant que par la sagesse des Monarques, d'une félicité que leur union seule peut en tout tems procurer. Ils étoient respectés, & respectoient eux-mêmes l'autorité suprême dans la personne de nos Rois; attachés aux saintes libertés de notre Eglise, ils en conservoient le dépôt avec pureté, afin de le remettre à leurs successeurs, de même qu'ils l'avoient reçu. Ils gouvernoient enfin l'Eglise de Dieu, sous les loix, & suivant l'esprit de J. C. & regardoient nos Rois non-seulement comme les souverains de tous les biens temporels de leur état, mais encore comme les chefs & les protecteurs de la discipline ecclésiastique.

Aussi lisons-nous dans nos plus anciennes histoires, que nos Rois étoient à la tête de toutes les affaires de la religion; que c'étoit par leurs ordres que les Evêques s'assembloient; que soit qu'ils présidassent à ces assemblées en personne, ou par des Officiers, ou qu'ils en fussent absens, on ne publioit les réglemens qui s'y faisoient pour le gouvernement de l'Eglise, qu'avec leur agrément & sous leur autorité. *Ea verò*, dit M. de

Marca, *Concilia à Regibus noſtris* (les premiers de la ſeconde race) *indicebantur ; qui res definitas poſtquam judicio ſuo probaſſent , edictis confirmabant , ut faciliùs executioni traderentur , ita ut in provinciis regni eodem jure omnino Reges noſtri potirentur quo Principes Romani olim in univerſo imperio fruebantur.* (*a*)

En effet, les Empereurs Conſtantin & ſes enfans (*b*) Conſtant & Conſtance, Gratien & Théodoſe , non-ſeulement ont fait aſſembler pluſieurs Conciles ; mais ils ont dans leurs Conſeils privés fait pluſieurs loix ſur la police de l'Egliſe. Honorius I. convoqua la fameuſe aſſemblée d'Evêques en Afrique, ſur le ſchiſme des Donatiſtes, & Marcellin, Tribun de la Milice, y fut envoyé par ce Prince pour preſcrire la forme dans laquelle on procéderoit, pour entendre les conteſtations , & pour prononcer au nom de l'Empereur. (*c*)

L'Empereur Marcien convoqua en 451. le Concile de Calcédoine, il y aſſiſta en perſonne avec les principaux Officiers de ſon Conſeil. Il régla pluſieurs

(*a*) *Concord. ſacerd. & imp. lib.* 2. *cap.* 12.
(*b*) *Euſeb. Pamph. de vita Conſt. lib.* 1. *cap.* 44.
(*c*) *Ad ann.* 411. *c.* 3. *Baron.*

contestations sur la discipline, il prononça la déposition de l'Evêque Dioscore, il rétablit la Métropole de Tyr. (*a*)

En 511. Clovis le premier chrétien de nos Rois, fit assembler un Concile à Orleans , dans lequel on décida que nul Séculier ne pourroit à l'avenir être promu à la Cléricature que par le commandement du Roi, ou avec la permission du Juge Laïc. *De ordinationibus Clericorum id observandum esse decrevimus , ut nullus Sæcularium ad Clericatûs officium præsumatur , nisi aut cum Regis jussione , aut cum Judicis voluntate.* Can. 4. (*b*) Ce qui a été observé, même sous le régne de plusieurs Rois de la seconde race , comme il est aisé de le voir par les Capitulaires.

Clotaire II. fit assembler le neuviéme Concile de Paris en 615. sur la réformation de la discipline ecclésiastique, & ce Prince en fit publier les decrets en forme d'édit, ausquels il changea , ajouta & retrancha ce qu'il jugea convenable. (*c*)

En 813. Charlemagne assembla un Concile à Arles : il finit par ces mots.

(*a*) *Collect. reg. t.* 8. *& Baluz. in collect.*

(*b*) *Primum Conc. Aurel. ex coll. reg. l.* 10. *&*
Lab. t. 4.

(*c*) *Ex codice Rhem. apud Sirmond. & Lab. t.* 5.

Voilà en abrégé les chofes que nous avons trouvées dignes de notre correction, & devoir étre préfentées à l'Empereur, pour le conjurer, s'il y manque quelque chofe, de le vouloir bien fuppléer ; s'il y trouve quelque chofe de mauvais, de le corriger par fon jugement ; & s'il y a quelque chofe de raifonnable, de lui donner fa derniere perfection par fon affiftance. (a)

Les Evêques alors regardoient le Prince comme leur protecteur dans l'exercice de leur miniftere fpirituel, dont ils ne paffoient point les limites ; ils ne s'entremettoient dans les chofes temporelles, qu'en qualité de commiffaires ; c'étoit à ce titre qu'ils adminiftroient la juftice aux veuves, aux pauvres, aux clercs, aux orphelins ; & ils ne doutoient pas qu'ils ne fuffent bien deftituables dans cet office, au gré du Prince qui les commettoit ; ils étoient au nombre de ces Officiers toujours choifis par lui, que l'on appelloit, *Miffi Dominici,* & dont la chronique de ce tems décrit ainfi les fonctions. *Per fingulos pagos agerent & undè cumque neceffe fuiffet tam regias quam ecclefiarum Dei juftitias viduarum quoque & orphanorum, fed &*

____

(a) *Apud Sirmond. t. 2. & Lab. t. 7.*

cæterorum hominum inquirerent & perfice-
rent. (*a*)

C'étoit encore des Evêques & des Comtes dont parle Louis le Débonnaire, dans l'un de ses capitulaires. *Sed quanquam summa hujus ministerii in nostrá personá consistere videatur , tamen & diviná autoritate & humaná ordinatione , ita per partes divisum esse cognoscitur,ut unusquisque vestrûm in suo loco & ordine partem nostri ministerii habere cognoscatur.* (*b*)

Ce ne peut donc être que sous le regne des derniers Rois de la race des Carlovingiens, que les Papes ont commencé à faire des entreprises sur les droits de nos Princes, & même sur les Evêques de notre Eglise, parce qu'alors ils commencerent à avoir de grandes possessions.

Les Princes de cette race & leurs successeurs, auroient dû cependant avoir d'autant moins lieu de s'en plaindre , que le Siége de Rome leur devoit les commencemens de sa puissance temporelle.

Car Pepin le Bref, dont le Pape Etienne II. avoit imploré le secours, marcha avec une armée nombreuse en Italie ,

(*a*) *Flodoard. hist. Rhem. lib. 2. cap. 18.*
(*b*) *Ex Capitula. lib. 2. t. 3.*

& rompit les deſſeins qu'avoit Aſtolphe, roi des Lombards, ſur la ville de Rome ; ce Prince fit plus , il pourſuivit Aſtolphe, il conquit ſur lui l'Exarcat de Ravenne, & en fit don au Siége de Rome. (*a*) *Nullum enim*, dit Marca, (*ante*) *in Italiâ vel in Romaná provinciâ imperium exercebat Romanus Pontifex.* (*b*) Ce n'étoit pas là la premiere marque du zéle de nos Rois pour l'honneur & l'élévation du chef des Paſteurs ; on ne peut non plus rien ajouter aux termes dont le Pape Paul, ſucceſſeur d'Etienne II. ſe ſervoit pour marquer les obligations que le Siége de Rome avoit aux Rois de France. *Et ſi*, diſoit ce Pontife, *omnes capitis noſtri capilli linguæ effecti fuerint, non valebunt ob tanta veſtra beneficia dignas referre gratiarum actiones.* (*c*)

Le Pape Etienne pour le don que Pepin lui fit de Rome, & de l'Exarcat de Ravenne, ne fut pas moins reconnoiſſant que Paul I. ſon ſucceſſeur, & quoique l'on ne trouve point les articles du traité fait à Quercy entre Etienne & Pepin, on ne laiſſe pas de

(*a*) Abrégé chronol. de l'Hiſt. Eccléſiaſtique.
(*b*) *Conc. ſacerd. & imp. lib. 3. cap.* 11.
(*c*) *Epiſt.* 36. *an.* 762. *ad Pipp. & Fil. in codice Carolino.*

voir par l'histoire , suivant M. de Marca ,
que ce Pape & le Sénat de Rome , confé-
rerent la souveraineté de Rome à Pepin ,
& à sa postérité. *Pippinus quoque patricia-*
tum Romanum suscepit , id est consortium Im-
perii in Romana urbe & provincia. (On
ne doit entendre ici par *souveraineté* , que
le titre de Patrice ; le Sénat & le peuple
n'ayant pas encore secoué l'autorité des
Empereurs Grecs , ne pouvoient en
donner d'autre à Pepin , & Pepin ne
pouvoit donner au Pape , que les droits
& les honneurs d'Exarque. L'un & l'autre par ces titres de Patrice & d'Exarque,
se mettoient à la place de ceux qui com-
mandoient sous l'autorité des Empereurs.)

L'histoire, depuis cette époque du commencement de l'autorité des Papes ,
marque clairement toutes les périodes
& les gradations de leur puissance ; l'ambition a porté la plûpart d'entr'eux à n'y
point mettre de bornes : mais dans tous
les tems la Nation Françoise , ses Rois , &
leurs Parlemens , se sont opposés forte-
ment à leurs entreprises , & on les a for-
cés de reconnoître que les droits de la

_____

(a) *Concord. sac. & imp. lib.* 3. *cap.* 11.

couronne de nos Rois étoient inviolables, & que les libertés de l'Eglise Gallicane, n'étant en partie que des régles de la plus ancienne tradition de l'Eglise universelle, des décisions sacrées des premiers Conciles généraux, & des usages aussi anciens que la fondation de la Monarchie même; elles ne pouvoient recevoir de changement, ni souffrir d'altération, ni par le tems, ni par qui que ce soit.

C'est pourquoi nos Rois au lieu de se soumettre aux decrets des Papes qui blessoient leurs droits, en ont appellé aux Conciles généraux. Les Empereurs avoient usés de ce droit avant eux; Constantin permit en 314. à Cecilien, Evêque de Carthage, d'appeller au Concile que ce Prince fit assembler à Arles, du jugement que le pape Melchiade avoit prononcé contre lui dans le Concile romain. (*a*)

La protestation de Philippe le Bel en 1297. aux monitions que le pape Boniface VIII. lui avoit fait faire touchant une tréve. (*b*) L'appel de ce même Prin-

____

(*a*) *Concord. sacerd. & imp. lib.* 4. *cap.* 17.

(*b*) Cette piéce se trouve dans le premier tome des preuv. des lib. ch. 7.

ce & de toute la Nation au Concile général fait le 15 Juin 1303. des cenfures & des prétentions de ce Pape. *(a)* Celui de Jean Dauvet , Procureur Général de la Cour, en 1460. d'une Bulle du Pape Pie II. Celui de l'Univerſité de Paris en 1491. d'une Bulle d'Innocent VIII. qui bleſſoit les libertés de notre Eglife. *(b)* L'appel d'Henry IV. n'étant encore que Roi de Navarre , au Parlement de Paris & au Concile général en 1585. de la Bulle de de Sixte V. *(c)* Enfin , les Arrêts rendus par les Parlemens féans à Tours & à Châlons , qui condamnent au feu des lettres monitoriales envoyées en France en 1591. par le Pape Grégoire XIV. contre le Roi, *(d)* font des monumens qui montrent également la différence de la conduite des Papes des derniers fiécles , d'avec celle de ceux de la primitive Eglife , & la fermeté de nos Rois à défendre avec conſtance leur indépendance dans le temporel de leurs Etats, par la voie, foit de l'appel aux Conciles généraux , foit de l'appel comme d'abus.

Sans examiner ſi les Evêques de France

(*a*) Preuv. des Lib. t. 1. ch. 13.
(*b*) *Ibid*
(*c*) Abrégé chronol. de l'Hiſt. Eccléſiaſtique.
(*d*) *Idem*.

se sont d'abord montrés peu reconnoissans des biens & des grands priviléges que nos Souverains leur ont accordés de leur propre mouvement, pour rendre la religion plus respectable aux yeux des peuples, & pour donner à ses Ministres plus d'autorité; on trouve dans l'Histoire que dès le douziéme siécle ils méconnoissoient l'autorité souveraine, en attribuant à l'Episcopat une jurisdiction qu'ils ne tenoient que de la libéralité du Prince. De-là l'époque de l'usage fréquent des appels; cette voie a servi aux Parlemens pour faire respecter l'autorité du Prince, & pour conserver ses droits. Les autres Seigneurs temporels du Royaume y ont eu recours également, pour maintenir leurs Juges contre les usurpations.

L'abus, & les Appels comme d'abus, ont donc leur source dans l'usage illicite que les Papes & les Evêques ont fait, soit de l'autorité attachée à leur ministere, soit de celle que les Princes leur ont accordée.

MAXIME V.

Toutes les fois que le Juge n'a pas suivi la forme & les régles prescrites par les loix pour les jugemens, & qu'il a connu d'une cause qui n'est pas de son ressort, il y a abus dans son jugement.

De ces deux points principaux naiſ-
ſent quatre chefs d'où dépendent tous
les cas particuliers, où l'abus, & les appels comme d'abus ont lieu.

Le premier, c'eſt lorſqu'il y a de la
part des Juges d'Egliſe, entrepriſe directement ſur les droits du Roi & de ſa
couronne, ſur la temporalité de ſon
Royaume, ſur les libertés de l'Egliſe Gallicane dont il eſt le protecteur, ſur le bien
public, la paix, & la liberté qu'il doit à
ſes ſujets.

Le ſecond, c'eſt lorſqu'il y a entrepriſe
de juriſdiction, c'eſt-à-dire, lorſque les
Juges d'Egliſe connoiſſent des cauſes qui
ne ſont point de leur compétence, de
celles qui doivent être portées au tribunal des Juges ſéculiers, ou lorſque les
Juges ſéculiers connoiſſent des matiéres
qui ſont de la compétence des Juges
d'Egliſe.

Le troiſiéme, lorſque les miniſtres de
l'Egliſe dans les fonctions de leur miniſtere, ou dans l'exercice de leur juriſdiction contentieuſe, contreviennent aux
ſaints canons, & aux decrets des Conciles généraux, ou des Conciles nation-
naux reconnus de l'Egliſe Gallicanne.

Le quatriéme, lorſque les Juges d'Eglise dérogent dans leurs jugemens, ou dans la forme de leurs procédures, aux concordats, aux édits, aux ordonnances & déclarations de nos Rois, aux arrêts de leurs Cours souveraines rendus en forme de réglement, ou aux arrêts rendus conformément à un grand nombre d'autres, jugeans suivant les mêmes maximes, & établissans une jurisprudence certaine & constante. Et c'est ce que les Jurisconsultes appellent *excessus in officio.*

L'Eglise a reçu de Jesus-Christ une autorité respectable, mais purement spirituelle, qui ne s'étend que sur les consciences, & qui n'agit que dans l'ordre du mérite & de la liberté ; elle n'a par son institution, ni tribunal extérieur, ni Officiers de justice, ni droit de coaction pour faire exécuter ses jugemens. Aussi voyons-nous que le tribunal des Evêques pour les affaires temporelles & contentieuses, n'a d'autres titres de son établissement, que la libéralité de nos Rois, & leur respect pour la religion. On a dit dans la maxime précédente, que les Evêques sous le régne des Rois de France des deux premiéres races, furent d'abord établis commissaires & arbitres dans les affaires où les veuves, les orphelins, les

clercs , &c. étoient intéreffés ; dans la
fuite, cet arbitrage qui n'étoit que fimple commiffion, a été changé en jurifdiction ordinaire ; toutes nos hiftoires
font pleines d'époques , qui marquent
que nos Rois en ont étendu ou refferré
les bornes , fuivant les tems & les cir-
conftances , (*a*) & c'eft lorfque les Eccléfiaftiques paffent ces limites dans les
jugemens qui émanent de leur tribunal,
lorfqu'ils y attirent des caufes dont la
connoiffance leur eft interdite, qu'il y a
abus dans leurs fentences ; cet abus vient
du défaut de puiffance , ce que les Jurifconfultes appellent, *exceffus officii.*

Quel défaut en effet peut plus caracté-
rifer l'abus , que celui de puiffance.
Comme le Prince eft établi par l'autorité
de Dieu , feul juge du peuple à qui il
commande , ceux qui fe conftituent les

____

(*a*) Voyez les capitulaires, les édits & les or-
donnances de Philippe VI. du 10 Juillet 1336. de
Charles V. des 5 Janvier 1369 , 1370 & 1371. de
Louis XI. du 19 Juin 1464. de François I. du mois
d'Août 1539. L'ordonnance de Rouffillon , du mois
de Janvier 1563. Celle de Moulins, du mois de
Février 1566. Celle de Blois, du mois de Mai 1579.
L'édit de Melun , de 1580. Une déclaration de
Louis XIV. du mois d'Avril 1657. Et enfin l'édit
du mois d'Avril 1695.

juges de ce peuple ſans la participation
du Prince, uſurpent ces droits, leurs jugemens ſont des attentats qui bleſſent
l'ordre de Dieu ; il eſt du devoir & du
miniſtere du Prince, de réprimer ces entrepriſes.

C'eſt pourquoi l'abus provenant du défaut de puiſſance dans les Juges de l'E-
gliſe, peut avoir deux cauſes principales.

L'une, lorſqu'ils prétendent connoître
& juger des droits du Prince, contre les
maximes de l'Evangile qui établiſſent
une diſtinction entre les puiſſances qui
gouvernent ſur la terre, qui les déclarent
indépendantes l'une de l'autre dans l'exercice de leur miniſtere, qui donnent le
ſpirituel aux Prêtres, & le temporel aux
Princes.

De-là ces principes inconteſtables,
que nos Rois tenans leur couronne im-
diatement de Dieu, ont par conſéquent
une puiſſance indépendante de tout homme ; ils ne ſont reſponſables de leur gouvernement qu'à Dieu. Le dernier degré
d'appel dans les affaires temporelles de
leurs états leur eſt dévolu de droit divin,
& leurs volontés ſont des jugemens irréfragables, la manutention enfin de tout
le temporel leur appartient : le droit que
les

les Ministres des autels prétendroient y
avoir seroit sans aucun fondement , le
leur est borné aux choses purement spirituelles. Ces principes sont fondés sur
cet endroit de l'Evangile , *sicut misit me
pater , & ego mitto vos* , (*a*) & dévelop-
pés dans le droit canonique. *Quoniam me-
diator idem Dei & hominum , homo Christus
Jesus , sic actibus propriis & dignitatibus di-
stinctis officia potestatis utriusque discrevit pro-
pria ..... quatenus spiritualis actio à car-
nalibus distaret incursibus ; & Deo militans
minimè secularibus negotiis sese implicaret ; ac
vicissim ne ille rebus divinis præsidere videretur
qui esset secularibus negotiis implicatus.* (*b*)

L'autre cause, lorsque les Ecclésiastiques donnent une plus grande étendue à
leur jurisdiction , que celle que le Prince
lui a prescrite. Avoir un tribunal , nommer des Officiaux , prononcer des jugemens avec tout l'appareil judiciaire , &
les faire exécuter par la force du bras séculier , c'est une concession du Prince ;
mais le Prince a ordonné des matieres
qui pouvoient être du ressort de ce tribunal. Il lui a assigné tout le spirituel , (*c*)

(*a*) *Joan.* 20. *v.* 21.
(*b*) *Can. quoniam* 8°. *dist.* 10.
(*c*) Art. 34 de l'édit du mois d'Avril 1695.

& par un privilége fpécial, il lui permet de connoître de toute action perfonnelle, même en matiere civile, intentée contre les clercs, & des accufations formées contre eux pour les délits communs. Les actions réelles ne peuvent être la matiere de fes jugemens, elles font du reffort des Juges temporels. S'il prétendoit en connoître, il pafferoit les bornes de fa puiffance.

Enfin, c'eft aux Evêques à décider quelles font les vérités de la foi que Dieu a révélees, & qu'il faut croire; il eft de leur miniftere facré d'expliquer & d'interpréter les divines écritures : pour toutes ces chofes ils font indépendans de la puiffance temporelle, elle leur eft même foumife. Il eft encore du droit des Evêques de compofer les canons de la difcipline eccléfiaftique; mais les décifions des Conciles généraux, les ufages, les libertés de l'Eglife de France, les pragmatiques, les concordats, font les régles qu'ils doivent fuivre; toutes les fois qu'ils les négligent, ou qu'ils y contreviennent, il y a abus, & c'eft au Roi, & à fes Cours fouveraines à le réprimer, parce que le Roi étant le protecteur & le défenfeur des canons, il doit veiller à ce qu'ils foient obfervés, même par les Miniftres de l'Eglife.

On tient d'ailleurs pour maxime conftante en France, que la religion n'altere & ne retranche aucun droit du Souverain. *Jam ab ipfo Clodoveo*, dit M. de Marca, *regni iftius florentiffimi amplificandi auctore, in unam veluti focietatem coierunt Chriftiana fides & Regum imperium, nullo partium detrimento; adeò ut de regni fummo jure nihil per Chriftianam profeffionem deceffrit.* (*a*) Que les affaires qui regardent la police extérieure, la difcipline, & le gouvernement de l'Eglife font des affaires d'état, qu'elles ne peuvent fe traiter que du confentement du Prince, & fous fon autorité; qu'il doit prendre communication des décifions des Miniftres de l'Eglife, qu'elles ne peuvent être publiées que de fon aveu, qu'en tout on doit obéir à fes édits, à fes ordonnances; c'eft encore une régle du Droit canonique. *De Capitulis vel præceptis Imperialibus veftris veftrorumque Pontificum prædecefforum irrefragabiliter cuftodiendis & confervandis quantum valuimus & valemus*

______
(*a*) Concord. Sacerd. & Imp. l. 2°. t. 1°.

Chrifto propitio, & nunc & in ævum nos côn-
fervaturos modis omnibus profitemur , & fi
fortaffe quilibet aliter vobis dixerit , vel
dicturus fuerit fciatis eum pro certò menda-
cem. (a).

Maxime VI.

L'abus eft un fait contre lequel la pref-
cription n'a pas lieu, on peut en tout
tems fe pourvoir par l'appel , que l'on
qualifie d'appel comme d'abus, & qui eft
la feule voie établie en France pour le
corriger.

Le tems le plus long ne couvre point
l'abus , parce que par l'abus l'intérêt de
l'Eglife, celui de l'Etat, & l'autorité du
Roi font bleffés , & que rien ne peut déroger à ces divers intérêts.

De-là, les appellations comme d'abus
ne font fujettes ni à la défertion, ni à la
péremption , en tout tems on peut les
relever. (*b*)

De-là encore, les parties ne peuvent
tranfiger ni fur l'abus, ni après l'appel

(*a*) *Can. de Capitulis* 9°. *dift.* 10.
(*b*) *Rebuf. in præmio de unionib.*
Louet, en fes notes fur les Commentaires de
Dumoulin, *ad regul. Cancel. n.* 206. *reg. de in-*
firmis.

formé, que du consentement des gens du Roi, parce que l'abus étant une chose qui tend à troubler l'ordre & la tranquillité du royaume, qui contrevient aux régles de la discipline ecclésiastique, aux maximes, aux usages de l'Eglise, aux loix de l'Etat, c'est au Roi seul, & à ses Cours ausquelles il en a confié l'autorité, à qui il appartient d'en connoître.

Les appellations comme d'abus, sont le recours au Prince ; cette voie est ouverte à tout le monde indifféremment, parce que le Roi doit protéger dans tous les tems, les intérêts de l'Eglise, qu'il doit s'opposer aux entreprises sur son autorité, qu'il doit défendre les loix du royaume, qu'il doit la justice à tous ses sujets dans quelque état qu'ils soient, & parce qu'il est toujours prêt aussi à la leur rendre. C'est pourquoi il faut rejetter le sentiment de quelques Jurisconsultes, qui ont pensé que ce privilége étoit dénié en France aux étrangers. L'abus ayant été commis dans le royaume, l'étranger peut recourir au Roi par la voie de l'appel pour se faire rendre justice, & si l'étranger négligeoit ce moyen, le Procureur général du Roi, qui est tou-

jours partie dans ces fortes de caufes,
releveroit l'abus & en appelleroit.

De ces principes il fuit néceffairement
qu'une partie peut interjetter appel comme d'abus des jugemens eccléfiaftiques,
même après avoir procédé volontaire-
ment, & après trois fentences conformes ; Chopin & Fevret en font une maxime de notre jurifprudence. *(a)* Mais
celui qui pouvoit décliner la jurifdiction, & qui ne l'a pas fait, doit être
condamné, en jugeant l'appellation comme d'abus, aux dépens des procédures
volontaires, parce que dès le commencement de l'affignation il pouvoit décliner le tribunal.

La connoiffance des appellations comme d'abus à caufe de l'importance de la
matiere, eft attribuée aux Grand'Cham-
bres des Parlemens, privativement à
toutes autres. C'eft la difpofition de
nos ordonnances, & finguliérement de
celle de Blois, art. 2. *Et defdites appellations* (comme d'abus) *nous attribuons la
connoiffance à nos Cours de Parlemens.* (*b*)

(*a*) *De facrâ polit.* lib. 2°. *tit.* 1°.
De L'Abus. Liv. 1. chap. 2.
(*b*) C'eft encore la difpofition de l'édit du mois
de Juin 1540. donné à Fontainebleau.

Du principe que nous avons établi,
que la voie des appellations comme d'a-
bus étoit ouverte indifféremment à tous
les fujets du Roi, il eſt évident que les
Juges d'Eglife peuvent y avoir recours
dans le cas d'entreprife fur leur jurifdiction par les Juges Laïcs. *Itaque*, dit M.
de Marca, *hodie cuſtodia canonum & aucto-*
ritas legum his appellationibus , velut nervis
retinentur , quæ locum habent cum decreta
Conciliorum & confuetudines receptæ infrin-
guntur , vel cum jurifdictio fæcularis ab Eccle-
fiaſticâ læditur aut vice verſâ cum fæcularis
Ecclefiaſticam ufurpat. (*a*)

Ainſi un clerc étant aſſigné par-devant
un Juge féculier pour une matiere qui
n'eſt pas de fa compétence , & qui
doit être portée devant l'Official, fuivant nos ufages, peut demander fon renvoi ; pour lors ſi le Juge féculier fait refus, le clerc a droit de demander d'être
reçu appellant comme d'abus du déni de
renvoi. Mais pour éviter l'amende du fol
appel , en cas que l'appellant fuccombe ,
on qualifie ordinairement cette appellation, *d'appel comme de Juge incompétent.*

Cette jurifprudence eſt fondée fur l'é-

______
(*a*) *Concord. Sacerd. & Imp. l.* 4°. c. 21.

quité même, elle eſt établie par nos libertés. *Lequel reméde des appellations com-*
me d'abus eſt réciproquement commun aux
Eccléſiaſtiques , pour la conſervation de leur
autorité & juriſdiction ; ſi que le Promoteur
ou autre ayant intérêt , peut auſſi appeller
comme d'abus de l'entrepriſe ou attentat fait
par le Juge lay ,ſur ce qui lui appartient. (a)

On doit obſerver que l'uſage du Parlement de Paris eſt ꞌde porter en la Grand-
Chambre les appellations comme d'abus
en matiere civile, & de juger en la Chambre de la Tournelle criminelle , celles
qui ſont interjettées des ſentences rendues par les Juges d'Egliſe en matiere criminelle. Cetuſage eſt fondé ſur la déclaration du Roi du mois de Février 1657.

» Art. 13. Ne ſe jugeront aucunes ap-
» pellations à la Chambre de l'Edit, &
» quant à celles incidemment interjettées
» au procès principal, s'il y échoit & eſt
» jugé néceſſaire ; les appellations com-
» me d'abus pendantes à la Grand'Cham-
» bre & Tournelle, ſeront appellées les
» premiéres à l'Audience, s'il eſt poſſible,
» ſans les appointer ; & ne pourront être

_____

(*a*) Pithou. article 8. des libertés de l'Egliſe
Gallicane.

» appointées, que les deux tiers des Juges
» affiſtans n'en ſoient d'avis. »

Les appels comme d'abus ſont une voie extraordinaire dans l'ordre judiciaire; & pour qu'elle ne dégénere pas elle-même en abus, on peut dire que l'intention de nos Rois a toujours été, que les appellations comme d'abus fuſſent accompagnées de ces deux circonſtances, pour être reçues.

La premiére, que la matiere fut importante, & qu'elle intéreſſât l'ordre public.

La ſeconde, que l'abus fut évident & conſtant.

L'appel comme d'abus ſert à diſcerner les deux puiſſances, & à empêcher qu'elles n'uſurpent l'une ſur l'autre ; & comme il rend les Eccléſiaſtiques juſticiables des Parlemens, dans les cas ſeulement où ils ſont reſponſables au Prince de leur conduite ; nos Rois ont toujours recommandé à leurs Parlemens d'uſer avec tant de modération du pouvoir qu'ils ont de juger ces ſortes d'appels, qu'ils ne donnent aucune atteinte à l'ordre & à la diſcipline eccléſiaſtique ; qu'ils les faſſent ſervir au contraire pour faire reſpecter les limites que Dieu a preſcrites aux deux puiſſances qui commandent en ſon nom ;

pour conferver l'autorité des Princes temporels, & celles des Prélats ; pour maintenir l'ordre établi par les faints canons, les ufages & les ànciennes coutumes de l'Eglife de France. Telle eft à cet égard la difpofition du trente-cinquiéme article de l'édit de 1695. conforme en cela à l'ordonnance de 1539. & à l'édit de Charles IX. du 16 Avril 1571.

» Nos Cours ne pourront connoître » ni recevoir d'autres appellations des »'ordonnances & jugemens des Juges » d'Eglife, que celles qui feront quali- » fiées comme d'abus. Enjoignons à nof- » dites Cours d'en examiner le plus exac- » tement qu'il leur fera poffible, les » moyens, avant de les recevoir ; & pro- » céder à leur jugement avec telle dili- » gence & circonfpection, que l'ordre & » la difcipline eccléfiaftique n'en puif- » fent être altérés ni retardés ; & qu'au » contraire, elles ne fervent qu'à les » maintenir dans leur pureté, fuivant les » faints decrets, & à conferver l'autorité » légitime & néceffaire des Prélats, & au- » tres Supérieurs eccléfiaftiques. »

L'appel comme d'abus lie & fufpend la puiffance du Juge, de laquelle on fe plaint par l'appellation. Ce Juge ne peut prononcer, si l'affaire n'a pas été consommée par un jugement, ni faire exécuter la sentence, si le jugement a été prononcé, jusqu'à ce qu'on ait fait droit sur les appellations.

C'est donc un principe que les appellations comme d'abus ont un effet suspensif. Suivant même la disposition de l'édit de Melun, (*a*) l'appel qu'il permet d'interjetter de l'exécution des decrets d'un Concile peut avoir cet effet, s'ils ne regardent pas la correction & la discipline ecclésiastique.

Ainsi, par un autre principe établi par l'édit de Charles IX. de 1571. par celui de Melun, qui vient d'être cité, & par celui du mois d'Avril de 1695. les appellations comme d'abus, dans les cas où il s'agit de la correction des mœurs, de la discipline ecclésiastique, & des ordonnances faites par les Prélats dans le cours de leur visite, n'ont point d'effet suspensif, mais dévolutif.

„ Afin que la discipline ecclésiastique
„ ne soit empêchée ou retardée par les
„ appellations comme d'abus, Nous
„ avons déclaré & déclarons n'avoir en-

______

(*a*) De 1579. article premier.

» du , comme n'entendons que lesdites
» appellations soient reçues , sinon ès cas
» des ordonnances , & qu'elles n'auront
» effet suspensif ès cas de correction&
» discipline ecclésiastique , mais dévolu-
» tif seulement. » (*a*)

Il faut même observer que suivant l'esprit de la déclaration de 1684. & conformément à l'art. 40 de l'édit de 1695. les Parlemens , sur l'appel comme d'abus d'une procédure criminelle commencée contre un clerc , ne peuvent accorder de défenses d'exécuter les decrets d'ajournemens , ni ordonner l'élargissement du prisonnier , que sur le vû des charges & informations. Cet Arrêt de défenses ne rétabliroit pas l'Ecclésiastique décrété de prise de corps , dans les fonctions ou de son Ordre, ou de son bénéfice. Il faut que l'appel ait été jugé définitivement.

Nous avons encore en France pour maxime fondée sur le respect dû au Pape ,

(*a*) Art. 5. de l'édit du 16 Avril 1571.
Voyez le 36. de celui de 1695.
Ces édits ont une disposition conforme à l'ordonnance de François I. de 1539. art. 5, 6, 7 & 8. & au Droit canonique, *cap. ad nostram 3°. extra de appellat. & cap. Irrefragabili 13°. extra de offic. Jud. ordin.*

comme fucceffeur du Prince des Apôtres,
& chef des Evêques, que les Procureurs
généraux des Parlemens, ni autres, n'in-
terjettent point appel comme d'abus directement des bulles, des brefs, & des
autres expéditions qui paroiffent fous fon
nom ; mais on appelle de l'obtention de
la bulle, ou du bref, de la publication &
de la fulmination de ces actes, lorfqu'ils
font abufifs. Si le Pape cependant entreprenoit fur le temporel du Roi, ou s'il
faifoit un décret contraire à la difcipline
générale de l'Eglife Gallicane, on appelleroit de la conceffion de la bulle, ou du
decret.

Quoique les appels comme d'abus
foient fondés fur le droit nat urel même,
& qu'ils foient la feule voie ouverte dans
notre royaume pour maintenir l'ordre ;
nos Rois ont marqué dans toutes leurs
ordonnances que leurs intentions étoient
que l'on en ufât avec ménagement & circonfpection, & que l'on confervât néanmoins le refpect & les déférences dûes
aux fonctions facrées des premiers Pafteurs.

C'eft pourquoi il n'eft pas toujours
permis ni de prendre à partie, ni d'intimer les Evêques fur les appels comme

d'abus. Tels font les cas marqués dans le quarante-troifiéme article de l'édit de 1695. où il eft permis de le faire.

» Les Archevêques, Evêques, ou leurs
» Grands Vicaires, ne pourront être pris
» à partie pour les ordonnances qu'ils
» auront rendues dans les matieres qui
» dependent de la jurifdiction volontai-
» re ; & à l'égard des ordonnances & ju-
» gemens que lefdits Prélats ou leurs
» Officiaux auront rendus , & que les
» Promoteurs auront requis dans la jurif-
» diction contentieufe, ils ne pourront
» pareillement être pris à partie , ni in-
» timés en leurs propres & privés noms,
» fi ce n'eft en cas de calomnie apparen-
» te , & lorfqu'il n'y aura aucune partie
» capable de répondre des dépens , dom-
» mages & intérêts, qui ait requis ou qui
» foutienne leurs ordonnances & juge-
» mens ; & ne feront tenus de défendre à
» l'intimation, qu'après que nos Cours
» l'auront ainfi ordonné en connoiffance
» de caufe. «

Pour tout ce qui concerne la jurifdiction volontaire, il eft conftant que ni
les Evêques , ni leurs Grands Vicaires,
ne peuvent être pris à partie fur un appel
comme d'abus.

Par rapport à la jurifdiction contentieufe, ils ne peuvent être pris à partie non
plus, quand il y a une partie pour répondre des dommages & intérêts, qui fou-
tient le jugement dont eft appel comme
d'abus, à moins qu'ils n'aient commis
quelques fautes qui donnent, fuivant
nos ordonnances, lieu à la prife à partie
par rapport à tous Juges, Lais comme
Eccléfiaftiques.

Il n'en eft pas de l'intimation comme
de la prife à partie.

On intime les Evêques en leur propre
& privé nom, fans les prendre à partie,
quand il y a un appel comme d'abus interjetté des fentences de leurs Officiaux,
rendues à la requête des Promoteurs,
parce que les Promoteurs, en cette qualité, ne font pas capables de comparoî-
tre au Parlement ; cette intimation ne
peut cependant fe faire qu'en vertu d'un
arrêt du Parlement qui la permette.

On obferve que cette jurifprudence
d'intimer les Evêques, lorfque les fentences de leurs Officiaux dont il y a appel comme d'abus, ont été rendues fur
la pourfuite des Promoteurs eft conforme à celle qu'on fuit à l'égard des Juges
des Seigneurs, lorfque leurs Procureurs

fifcaux font feuls partie. En cas d'appel aux Cours fupérieures, les Seigneurs font intimés, & non pas leurs Juges, ni leurs Procureurs fifcaux, à moins qu'il n'y ait malverfation de leur part. Cette égalité eft fondée,

1°. Sur ce que les Evêques, comme les Seigneurs hauts-jufticiers, ne plaident point par Procureurs, cet avantage eft réfervé au Roi feul.

2°. Sur ce que les Promoteurs, n'étant confidérés ainfi que les Procureurs fifcaux, que comme des Officiers de Jurifdiction inférieure, ils ne peuvent plaider en Cour fouveraine, que comme partie privée.

Ainfi, il faut que l'Evêque prenne la caufe de fon Promoteur, lorfque l'appel eft porté au Parlement, de même que le Seigneur haut-jufticier feroit obligé de prendre celle de fon Procureur fifcal, pour foutenir fa fentence, & fupporter les condamnations de dépens & d'amende, lorfqu'il n'y a point de partie civile.

Il faut donc fuivre pour maxime conftante, que pour prendre à partie, ou intimer un Evêque fur un appel comme d'abus, fuivant l'efprit de la loi, il faut qu'il y ait calomnie apparente, & qu'il
n'y

n'y ait point de partie qui soutienne le jugement. Ces deux conditions doivent concourir, & pour lors le jugement étant déclaré abusif, les Evêques peuvent être condamnés aux dépens, & à l'amende.

Si ces deux conditions ne se rencontrent point, c'est-à-dire, quand même il y auroit calomnie apparente, pourvu qu'il y ait partie pour défendre le jugement, & qui puisse répondre des dépens, l'Evêque ne doit pas être intimé, ni pris à partie dans ce cas.

On distingue deux sortes d'appellations comme d'abus; l'une principale, & l'autre incidente.

La premiére se releve par un relief qui se prend au Sceau de la petite Chancellerie, sur une consultation signée de deux anciens Avocats, où l'on assigne en vertu d'un arrêt obtenu sur une requête dans laquelle on explique l'abus & la contravention aux ordonnances.

Cette forme de relever la premiére sorte d'appellation comme d'abus, est réglée par l'article 3 de l'édit du mois de Septembre 1610. rendu conformément à l'ordonnance de Melun de 1579.

Quant à la seconde espéce d'appellation comme d'abus, appellée incidente, & qui ne se releve que dans le cours d'un procès, on suit la forme de procédure qui est en usage dans le Parlement où l'on plaide.

La forme de prononcer sur les appels comme d'abus est prescrite par l'édit de 1695.

Art. 37. » Nos Cours en jugeant les
» appellations comme d'abus, pronon-
» ceront qu'il n'y a abus, & condamne-
» ront en ce cas les appellans en soixan-
» te-quinze livres d'amende, lesquelles
» ne pourront être modérées ; ou diront,
» qu'il a été mal, nullement & abusive-
» ment procédé, statué & ordonné ; &
» en ce cas, si la cause est de la jurisdic-
» tion ecclésiastique, elles renvoyeront à
» l'Archevêque, ou à l'Evêque dont
» l'Official aura rendu le jugement ou
» l'ordonnance qui sera déclarée abusi-
» ve, afin d'en nommer un autre ; ou au
» Supérieur ecclésiastique, si ladite or-
» donnance ou jugement sont émanés de
» l'Archevêque, ou Evêque, ou s'il y a
» des raisons d'une suspicion légitime
» contre lui ; ce que nous chargeons nos
» Officiers en nosdites Cours d'exami-
» ner avec tout le soin & l'exactitude
» nécessaires. »

Plusieurs choses sont à observer.

1°. Le Roi s'est proposé deux motifs principaux dans cet article de son édit. Le premier, que les Cours ne puissent remettre, ni modérer les amendes contre les appellans, lorsqu'elles prononcent qu'il *n'y a abus.* Le second, que ces mêmes Cours en jugeant les appellations comme d'abus, & prononçant qu'il *y a abus*, ne prennent point connoissance du fond, lorsque les causes sont de la jurisdiction ecclésiastique.

2°. Suivant la disposition de ce même article, les Parlemens sur les appels comme d'abus, ne peuvent dans aucun cas, quand même l'intimé déclareroit qu'il ne veut se servir du jugement, ou de l'ordonnance dont est appel, mettre les parties hors de Cour, ils doivent juger qu'il *y a abus*, ou qu'il *n'y a abus.* L'abus ne se couvre point, ni ne périt; & les droits du Roi, & l'intérêt du Public, demandent également qu'il soit réparé par-tout où il se trouve.

3°. Il ne paroît pas que l'on ait voulu par cet article prescrire une formule de prononcer, d'autant que les Parlemens dans lesquels l'édit est enregistré, ont conservé leur ancien usage depuis leur enregiſtrement comme auparavant. Auſſi lorſque le défaut qui a donné lieu à l'abus, influe ſur tout le jugement dont eſt appel, & qu'il oblige de procéder de nouveau à l'inſtruction du procès; comme s'il y avoit incompétence de Juge, ou que le Juge fut interdit, ou que l'acte qui auroit ſervi de fondement à la procédure fut vicieux : en ce cas les Cours prononcent généralement *qu'il a été mal, nullement, & abuſivement procédé, ſtatué, & ordonné.* Elles ne déterminent point en quoi conſiſte l'abus du jugement qu'elles déclarent abuſif.

Mais ſi le défaut ne regarde qu'une partie du jugement, & que les autres parties ſoient régulieres, les Cours ſont dans l'uſage de prononcer *qu'il a été mal, nullement, & abuſivement jugé, en ce que,* &c.

L'on trouve dans le ſeptiéme volume des Mémoires du Clergé, pluſieurs arrèts du Parlement de Paris rendus depuis l'enregiſtrement de l'édit de 1695. dont le prononcé eſt dans cette forme, & l'Editeur de ces Mémoires ſoutient avec grand nombre de Juriſconſultes, que les Parlemens en cela ne dérogent point à la diſpoſition de l'édit.

Il est encore une autre voie que les appels
comme d'abus pour se pourvoir contre
les jugemens, même en dernier ressort,
des Tribunaux ecclésiastiques, c'est la
requête civile ; les cas dans lesquels on
peut recourir à cette voie sont diferem-
ment énoncés dans les articles 34 &
35 du titre 35 de l'ordonnance de 1667.
Voyez le Livre des Loix Ecclésiastiques
de M. de Héricourt, première partie,
chap. 25. Ce sçavant Jurisconsulte s'explique avec tant de justesse & de précision sur cette matiére qu'il traite à fond,
que l'on ne pourroit que redire ici ce
qu'il a déja dit.

CHAPITRE II.

Des limites de la Puiſſance des Rois ſur les matieres de la Religion.

MAXIME I.

IL n'appartient pas aux Princes temporels de connoître & juger des matiéres qui concernent le dogme.

Les Rois, & ſinguliérement ceux de France, ſont protecteurs & défenſeurs de la Religion dans leurs états. Ce droit de défenſe & de protection s'étend à rendre des ordonnances, pour que leurs ſujets ſe ſoumettent aux déciſions que l'Egliſe a jugées vérités de foi; ce droit leur donne encore celui de décerner des peines temporelles, pécuniaires ou corporelles, contre ceux qui ne ſe ſoumettent pas à ces déciſions, ou qui enſeigneroient le contraire; ce ſont là les limites de la puiſſance de nos Rois en matiere de Doctrine; il y auroit excès, s'ils les étendoient au-delà.

Le monde Chrétien eſt gouverné par deux Puiſſances; & tel eſt le partage que

Dieu en a fait. Les Princes gouvernent en son nom & sous ses ordres immédiatement le temporel ; les Ministres de ses autels gouvernent le spirituel, ils sont établis par Jesus-Christ les dispensateurs des Mysteres de la Religion, & le S Esprit les guide dans l'administration de l'Eglise : *Per Jesum-Christum accepimus gratiam & Apostolatum ad obediendum fidei in omnibus gentibus.* (a)

Nulle confusion entre les deux Puissances : l'ordre de Dieu y régne : elles font souveraines également dans ce qui est de leur ministere.

Les Ecclésiastiques doivent donc se soumettre aux loix des Princes pour tout ce qui concerne le temporel, de même que pour les choses qui regardent la foi & la morale, les Princes doivent reconnoître l'autorité des loix de l'Eglise.

Si les Princes mettoient la main à l'encensoire, & que sans être revêtus du caractere auguste qui donne le pouvoir de dispenser les choses saintes, ils voulussent présider dans le Sanctuaire, cet ordre divin pour lors seroit troublé, la société des hommes qui ne doit for-

(a) Roman. 1°. 5°.

D iiij

mer qu'un corps, & dont chacun doit être membre, seroit désunie ; car cette société ne pouvant subsister que par l'accomplissement des devoirs réciproques, de ceux qui la composent, & ces devoirs n'étant autre chose que les fonctions propres de l'état de ceux qui font partie de ce corps, le désordre, la désunion seroient une suite nécessaire, ou de la négligence de faire les fonctions de son état, ou de l'entreprise que l'on feroit sur celles d'un autre état. Le Monarque, en qui réside la plénitude & l'unité du gouvernement temporel, doit décider de la guerre ou de la paix ; il doit la sûreté à ses sujets, contre les entreprises des ennemis, il doit veiller pour que la justice soit également rendue à tous ; il doit principalement maintenir la Religion, parce qu'elle est le fondement de la société des hommes ; il doit ses soins pour que les choses qui peuvent contribuer aux commodités & aux nécessités de la vie, abondent dans ses états. C'est-là en quoi consistent les fonctions de celui qui a le suprême gouvernement dans le temporel ; *imo vero*, dit M. de Marca, *Apostolus gladio Principem accingit ad scelerum vindi-*

tam non ad fidei canones fanciendos. (a)

Les Miniſtres de l'Egliſe d'un autre côté doivent diſpenſer les myſteres ſacrés, il eſt de leur reſſort de juger ceux qui en ſont dignes ou indignes, ils doivent ouvrir les divines Ecritures, annoncer ce qu'elles contiennent, les interpréter, & comme l'eſprit de la Religion, qui doit être auſſi celui qui les anime, demande des hommes l'union des cœurs & un amour entre-eux égal à celui que chacun d'eux a pour ſoi-même ils doivent nous inſpirer par l'exemple d'un détachement de ſoi-même, par un amour ſincere pour les autres, tout ce qui peut nous remplir de cet eſprit; ils doivent enfin nous montrer la voie du ſouverain bien, & nous apprendre ce qui peut nous y conduire.

Des fonctions ſi différentes en elles-mêmes, & par rapport à leur objet, ne peuvent être que de différent état; par conſéquent, pour maintenir l'ordre qui peut ſeul donner la paix & la tranquillité à laquelle tous les hommes & chacun d'eux aſpirent naturellement; il eſt de toute néceſſité que ces fonctions ne ſoient exer-

_____

(a) *Concord. Sacerd. & imper. l. 2. cap. 4°.*

cées que par ceux de l'état auquel elles
font propres.

Ainfi, les Evêques poffedans la plénitude & la perfection du Sacerdoce, ce
font eux qui ont le dépôt facré de la foi,
ce font eux qui doivent, fuivant les régles
que le Fils de Dieu leur a prefcrites dans
la perfonne des Apôtres, décider de ce
qui concerne les vérités de la foi ; affemblés dans un Concile, ils repréfentent l'E-
glife qui inftruit, qui enfeigne, & les Princes, comme tous les autres Fideles, doivent écouter fa voix ; elle eft fans diftinction mere commune, parce que la
miffion de Jefus-Chrift fon époux, avoit
pour objet le falut de tous les hommes
fans diftinction.

C'eft pourquoi lorfqu'il arrive des troubles dans un Etat, par rapport à des conteftations fur la foi & fur des points de
doctrine, les Princes, fous différens titres, ont bien le droit de faire affembler
les Evêques, pour décider les conteftations : (les Empereurs Chrétiens, & les
Rois de France à leur exemple, comme
nous l'apprend l'Hiftoire de l'Eglife, ont
ufés de ce droit pour arréter le cours des
différentes héréfies, ou pour fixer certains points problêmatiques fur le dogme)

mais foit que le Concile foit général,
foit qu'il foit feulement national, il n'eft
pas du miniftere des Princes de s'y affeoir
pour juger, & de décider fur les points
de doctrine conteftés ; l'efprit faint préfide à ces affemblées, fuivant la promeffe
du fils de Dieu, c'eft par fon infpiration
divine que les décifions qui s'y font font
infaillibles; fon affiftance, fes lumiéres ne
font promifes dans ces cas, qu'aux Evêques, parce qu'ils font feuls établis pour
le gouvernement fpirituel, & que c'eft à
eux feuls auxquels font confiées les clefs
du Ciel. (a) *Quibus folis pafcendas oves non*
autem Cafari, Chriftus commifit. (b)

De-là il faut conclure que les Evêques
étant chargés du dépôt de la foi, ils
font auffi chargés de l'enfeigner ; & comme ils ne peuvent par eux-mêmes remplir toute l'étendue de ce miniftere, à
caufe du grand nombre de fidéles ; à
l'exemple des Apôtres, ils affocient à
leur gouvernement des Miniftres qui y
font appellés par la vocation de Dieu, (c)
cette affociation eft une des principales

(a) *Joan. 20°. v. 22°.*
(b) *Concord. Sacerd. & Imp. l. 2. cap. 10°.*
(c) *Omnes enim Deus in fuas elegit. Canon. duo*
funt. 7°. c. 12 . q. 1ª.

fonctions de l'Epiſcopat ; elle ſe fait en conferant le Saint Eſprit par l'impoſition des mains, en ordonnant les Prêtres, les Diacres, les Soudiacres, & les autres Miniſtres inférieurs de l'Egliſe. Ces fonctions ſont toutes ſpirituelles, le ſoin de les exercer a été confié aux Evêques ſeuls, *paſce oves meas:* (a) Les Princes ne pourroient entreprendre de les exercer ſans témérité, & quoique comme chefs du corps politique de leurs Etats, ils puiſſent faire des loix, par leſquelles ils défendent que quelques-uns de leurs ſujets ne ſoient admis au miniſtere des Autels, ils ne peuvent pour cela conſacrer perſonne à Dieu ; ils ne peuvent non plus ordonner de la forme ni de la maniere de conférer le miniſtere ſacré dans les différens Ordres.

Il en eſt ainſi de l'adminiſtration des autres Sacremens, elle eſt une des fonctions du Sacerdoce ; & l'Egliſe ſeule a le droit d'ordonner & de régler le Rit & tout ce qui concerne les cérémonies, pour les adminiſtrer.

(a) *Joan.* 21. 17.

MAXIME II.

L'Eglise fait des Canons & des Reglemens pour la discipline Ecclésiastique, le Prince fait des loix pour les faire exécuter.

Tout ce qui concerne la discipline dans l'ordre spirituel, comme l'observation des fêtes, les cérémonies de l'office divin, l'administration des sacremens, sont des choses qui dépendent entiérement du Ministere Sacerdotal; les Princes temporels ne pourroient s'ingérer d'en décider; les divines Ecritures le leur deffendent sous des peines terribles. *Aaron autem & filios ejus constitues super cultum sacerdotii, externus qui ad ministrandum accesserit morietur.* (a)

Mais le culte des Autels, étant le plus ferme appui de l'ordre & de la société, nos Rois en qualité de chefs du corps politique de leurs Etats, mettent au nombre de leurs principaux devoirs, de protéger ce culte divin; ils rendent en conséquence des ordonnances pour faire exécuter celles des Ministres de l'Eglise

(a) *Num. cap.* 3°.

qui le concernent ; ils deffendent la profanation des fêtes que ces Miniſtres établiſſent ; ils puniſſent ceux qui troublent l'ordre qu'ils ont établi pour le ſervice divin, ils font obſerver les canons.

Telles étoient les ordonnances de l'Empereur Juſtinien ſur l'ordination des Prêtres & des autres Miniſtres de l'Egliſe, ſur la vie monaſtique, ſur la réſidence des Evêques, &c. *Sequimur enim ſacras regulas & antiquos patres qui hoc ſanxerunt.* (a) Nos Princes, à l'exemple des Empereurs, font exécuter les déciſions de l Egliſe par l'autorité de leurs édits. Ce ſont là les limites de leur puiſſance, comme Magiſtrats politiques & comme Protecteurs des canons & de la diſcipline, ſur le gouvernement extérieur & ſpirituel de l'Egliſe.

C'eſt pourquoi leurs loix ſur ces matiéres ne regardant que l'ordre politique & général de leurs Etats, & le bien commun de leurs ſujets, ne doivent point être conſidérées comme des loix de l'Egliſe ; elles n'ont point le caractere de l'autorité ſpirituelle des Puiſſances qui ſont chargées du ſaint miniſtere ; on ne doit les regarder que comme des loix tempo-

(b) *Novell.* 133*a*.

telles, que leur piété, leur zéle pour l'Eglife, & pour la tranquilité des confciences de leurs fujets, les obligent d'établir. Elles ont encore pour objet de protéger la religion , & d'en maintenir l'exercice libre dans leurs Etats, en faifant exécuter & obferver les loix de fes Miniftres.

Un canon du Concile de Paris (*a*) tenu fous le régne des deux Rois Louis & Lothaire , établit dans les termes les plus précis l'autorité des deux puiffances dans le gouvernement de l'Eglife; tel eft le partage qu'il en fait entre elles. *Principes fæculi non nunquam intrà Ecclefiam poteftatis adeptæ culmina tenent , ut per eandem poteftatem difciplinam ecclefiafticam muniant. Cæterum intrà Ecclefiam poteftates neceffariæ non effent , nifi ut quod non prævalet Sacerdos efficere per doctrinæ fermonem , poteftas hoc impleat per difciplinæ terrorem. Sæpè per regnum terrenum , cælefte regnum proficit : ut qui intrà Ecclefiam pofiti contrà fidem & difciplinam Ecclefiæ agunt, rigore Principum conterantur, ipfamque difciplinam quam Ecclefiæ humilitas exercere non prævalet, cervicibus fuperborum poteftas principalis im-*

____

(*a*) En 846.

ponat : & ut venerationem mereatur virtu-
tem poteſtatis impertiat. Cognoſcant Principes
ſæculi Deo debere ſe rationem reddere propter
Ecclefiam quam à Chriſto tueridam ſuſcipiunt :
nam ſive augeatur pax & diſciplina Eccleſiæ
per fideles Principes, ſive ſolvatur, ille ab eis
rationem exiget , qui eorum poteſtati ſuam
Eccleſiam credidit. (*a*)

Les Prêtres ont la parole de la doctrine , & les Princes, comme protecteurs & Magiſtrats, ont la terreur de la diſcipline.

Mais il faut diſtinguer deux ſortes de diſcipline, l'une qui dépend de la doctrine de la parole, & l'autre de la terreur de la diſcipline. Toutes les parties de cette premiére qui ne regardent que l'adminiſtration de la parole, & des ſaints Myſteres, ſont du reſſort des Prêtres ; au contraire, tout ce qui eſt indépendant de la doctrine, ou qui en étant dépendant, ne peut être exécuté ni maintenu par la parole, regarde cette ſeconde eſpéce : & comme dit le Canon, la terreur de la diſcipline qui eſt le partage des Princes, doit ſuppléer à ce que ne peut la doctrine de la parole.

(*a*) Dans Iſidore, *lib.* 3°. *Sententiarum, de ſummo bono.* c. 53. & inſéré dans le Decret de Gratien, c. *Principes* 20°. *Cauſ.* 23. *q.* 5.

M.

M. de Marca diftingue également deux fortes de difcipline, l'une qui dépend entiérement du miniftere Sacerdotal, & qui eft dans l'ordre des chofes fpirituelles, & l'autre par laquelle fe fait la police extérieure de l'Eglife, & qui eft du reffort des Princes temporels. *Cum autem*, dit ce grand Prélat, *de confirmatione Decretorum à Conciliis editorum agitur diftinguenda funt ea quæ fidem refpiciunt ab iis quæ de difciplinâ feruntur. Vis enim eorum quæ fidei controverfias ex fcripturis & antiquâ traditione dirimunt, non à Principum fed ab Epifcoporum auctoritate pendet ; quibus folis pafcendas oves non autem Cæfari, Chriftus commifit. Quare folis Epifcopis datum eft ut de jure cognofcant fcilicet an opinio controverfa inter hærefes recenfenda fit. Princeps verò res jam decifas auctoritate fuâ tuetur, & pænas excommunicationis aut regradationis ab Ecclefiâ irrogatas fæcularibus pænis intendit, fcilicet mulctis pecuniariis, aut exilio & relegatione, vel etiam ultimo fupplicio.*

Quod attinet ad Canones, qui non quidem de fide aut Sacramentorum ritibus, fed de reliquâ difciplinâ feruntur, quia legum perpetuarum vires obtinere debent & Clericorum, imò etiam fæpiffimè Laïcorum perfonas refpi-

ciunt , ex quibus reipublicæ corpus componitur , novamque aliquando disciplinæ formam constituunt : quam plurimi Principum interest , ut ea decreta maturè discutiant , antequam eorum executionem publicam & forensem lege suá indulgeant , ne fortassis aut publicæ utilitati , aut tranquillitati adversentur : quæ necessaria est ut per omnes imperii Provincias exe utioni tradi possint , & si qui contradicant auctoritate publicâ coerceantur. (a)

Ainsi , suivant l'esprit du canon , la doctrine est indépendante de la puissance des Rois ; nous croyons l'avoir démontré dans la maxime précédente : cette partie de la discipline qui concerne l'administration des Sacremens & des saints Mysteres , l'est également en soi-même. Mais , comme dit M. de Marca , toutes les autres parties de la discipline sont du ressort des Princes , & il leur importe beaucoup d'en prendre connoissance.

En effet, les loix , les réglemens de cette discipline ne sont que d'institution humaine , & alors ils ne peuvent être publiés dans l'Etat , qu'autant qu'ils sont

(b) *Concord. Sacerd. & imp. lib. 2°. cap.* 12.

acceptés du Prince, & revêtus de son autorité : comme Magistrat politique, le Prince use de ce droit, parce qu'il est également de son intérêt que ces loix ne troublent point l'ordre public, & ne portent aucun préjudice aux droits de sa Couronne : comme protecteur & défenseur de l'Eglise, ce droit lui est pareillement dévolu, parce qu'il doit veiller à la conservation de la foi, à la pureté de la morale, & à l'observation des saints canons. En cette derniere qualité, il est encore de son ministere de faire observer ces réglemens, & de suppléer par la rigueur de ses ordonnances, aux peines purement spirituelles & médicinales que l'Eglise peut imposer à ceux qui ne se soumettent pas ; & c'est en quoi consiste la terreur de la discipline.

Le Prince donc fait usage de la terreur de la discipline en quatre occasions différentes.

PREMIEREMENT. En établissant des peines pour punir ceux qui étant dans l'Eglise agissent contre les loix & la discipline de l'Eglise.

De-là, tant d'exemples de la connoissance que les Empereurs & nos Rois ont

prises de la foi, non-seulement des simples Laïcs, mais des Clercs, des Prêtres,
des Evêques, des Papes mêmes. Nous
trouvons dans l'histoire que le Pape Jean.
XXII. ayant avancé » que les ames de
» ceux qui décédoient ne verroient Dieu
» que par essence, & ne seroient souve-
» rainement heureuses qu'au jour de la
» résurrection, « ce Pape envoya deux
Religieux en France, pour y prêcher &
établir cette nouvelle doctrine ; Philippe
VI. fit alors assembler à Vincennes la
Faculté de Théologie de Paris, avec les
Evêques qui se trouverent dans cette
ville, & en présence des deux Apôtres
du Pape cette proposition fut condam-
née ; le Roi envoya après l'assemblée, directement au Pape, un original de la censure que l'on avoit fait de sa doctrine. (*a*)

Combien de loix des Empereurs &
de nos Rois pour la punition des hérétiques, des mauvais Prêtres, &c.

*Si quis quolibet modò blasphemiam in
Deum jactaverit ab Episcopo, Comite pagi,
ipsius carceri usque ad satisfactionem trada-
tur. (b)*

(*a*) Continuat. de Nangis, sur l'an 1332.
(*b Ex Capitular. dato an. 826. sub Imper. Lud.
Pio, tit. de Blasphemiâ.*

Si quis sanctum Quadragesimale jejunium pro despectu Christianitatis contempserit, & carnem comederit morte moriatur. (a)

Item, ejusdem (Cælestini) ut si quis Sacerdotum contrà constituta decretalia præsump ̀iosè agat & corrigi nolens ab officio suo submoveatur. (b)

Voyez encore les Capitulaires du Roi Childebert de 565. & de Gontran de 585.

Statuimus quod hæretici qui à fide Catholicâ deviant quocumque nomine censeantur, postquàm de hæresi fuerint per Episcopum loci, vel per aliam Ecclesiasticam personam quæ potestatem habeat, condemnati, animadversione debitâ puniantur. (c)

Nous avons encore l'ordonnance de Charles VII. de 1460. sur les impies, les hérétiques & les blasphémateurs. L'édit & la déclaration de Henri II. sur la recherche & punition des hérétiques, du 19 Novembre 1549. & du 11 Février 1550. Les lettres patentes de Henry IV. contre

(a) *Ex Capitular. dato à Carolo Magno, an. 788. tit. de Jejun. Quadrages.*

(b) *Ex Capitular. Caroli Magni, an. 789, tit. de Sacerd.*

(c) Ordonnance de S. Louis sur la punition des hérétiques en général, du mois d'Avril 1228.

les Prédicateurs féditieux, données le 22 Septembre 1595. La déclaration de Louis XIV. du mois d'Avril 1663. portant défenses à tous ceux de la Religion prétendue réformée, qui auront fait une fois abjuration de ladite religion, d'y plus retourner; & à tous Prêtres, & aucunes personnes engagées dans les Ordres sacrées, ou par quelqu'autre vœu, de quitter la religion Catholique, sur les peines portées par les ordonnances du Royaume. L'édit du mois de Juillet 1682. contre les magiciens, l'édit du mois d'Octobre 1685. portant révocation de celui de Nantes, l'ordonnance du 18 Mai 1701. sur la sanctification des Dimanches & Fêtes, & tant d'autres loix antérieures & postérieures à celles-ci.

SECONDEMENT. Si l'on n'a pas le respect qui est dû aux ordres de l'Eglise, le Prince les fortifie des siens. Nous voyons que les Empereurs & nos Rois ont fait observer les décisions des Conciles par l'autorité de leurs Edits.

Edit du Roi Clotaire II. pour faire observer les canons du neuviéme Concile de Paris. (a) *EDICTUM CLOTARII II.*

_____

(a) En 615.

Regis, in Synodo supra scripta.
Felicitatem regni nostri in hoc magis magisque
divino intercedente suffragio, succrescere non du-
bium est ; si quæ in regno Deo propitio nostro
benè acta statuta atque decreta sunt, inviolabi-
liter nostro studuerimus tempore custodire ; &
quæ contrà rationis ordinem acta vel ordinata
sunt, ne ut anteà, quod avertat divinitas, contin-
gant ; disposuerimus Christo Præsule per hujus
edicti nostri tenarem generaliter emendare :
ideòque definitionis nostræ est, ut canonum
instituta in omnibus conserventur, & quod per
tempora ex hoc prætermissum est, vel dehinc
perpetualiter observetur. (a)

Lettre de l'Archevêque de Tours au
Roi, au sujet de la publication du Concile tenu en cette ville en 1583.

» Et parce, Sire, que vous reconnoif-
» fant notre superieur & Roi , nous
» vous reconnoiffons auffi confervateur
» de l'Eglife de Dieu. Nous n'avons vou-
» lu publier, ni mettre fous la preffe le
» Concile provincial de la province de
» Touraine , que ne l'ayons premiére-
» ment offert à votre Majefté , pour
» commander qu'il foit revû par votre
» bon Confeil ; afin que le trouvant de

(a) *Lab. t. 5. Hard. t. 3.*

» telle forte, qu'il puiſſe être agréable à
» votre Majeſté, ce que nous eſpérons
» & deſirons; & puiſſions par après, par
» la permiſſion d'icelle, faire imprimer
» pour le communiquer à ceux de ladite
» province, afin que ſelon icelui ils ſe
» gouvernent. « *(a)*

EX SYNODO PROVINCIALI REMEN-
SI, ANNO 1583. In primis Chriſtianiſſi-
mum Regem noſtrum quantâ poſſumus animi
ſummiſſione rogamus, & per viſcera miſeri-
cordiæ Dei noſtri obſecramus, ut . . . . . hujus
Remenſis Synodi patrocinium ſuſcipere, ejuſ-
que decreta Regiæ ſuæ Majeſtatis favore com-
plecti dignetur ac tueri. (b)

Non-ſeulement nos Rois font obſerver par l'autorité de leurs édits les canons
des Conciles généraux, & autres concer-
nans la diſcipline ; mais même ces
Conciles ne ſont reçus en France qu'avec
leur permiſſion.

Le Concile de Baſle ayant envoyé vers
le Roi Charles VII. qui étoit à Bourges
en l'aſſemblée générale repréſentant l'E-

(*a*) Preuves des libert. de l'Egl. Gall. t. I. chap.
11.

(*b*) *Ex Epiſt. Archiepiſc. Remen. ad Clerum*
Remenſis Eccleſ. dans les Preuves des libertés,
t. I. ch. 11.

glise de France que ce Prince y avoit
convoquée, pour le supplier que ladite
assemblée reçut les decrets dudit Concile, il fut avisé que les decrets de ce Concile, & ceux de celui de Constance que
l'on présenta en même-tems, seroient
examinés & modifiés, s'il s'y trouvoit
quelque chose de contraire aux mœurs
du royaume. Voyez l'acte de cette assemblée pour la réception & la publication
de ces deux Conciles. *(a)*

Eo munere, dit M. de Marca, *& Clodo-
veus ipse, & cæteri Principes studiosissimè de-
functi sunt, tum indictis Episcoporum Conciliis, tum latis ad ornandam politiam Ecclesiasticam legibus.* *(b)*

Non solum autem, dit ailleurs ce Prélat, *Gallicanæ Ecclesiæ consensus expectandus
est ut novi canones vigeant, sed Regi quoque
ea sollicitudo maximè incumbit. Cum enim
pars nobilissima Regii muneris in tuendis ca-
nonibus & receptis moribus versetur ; & anti-
qui patres eum ordinem secuti fuerint, ut à
Principibus confirmationem rerum definita-
rum postularent, præjudicio suo id Principibus arrogasse videntur ut novæ leges executio-*

____

(a) Preuves des libertés de l'Eglise Gall. t. 1.
ch. 14.

(b) Conc. sacerd. & imp. lib. 4. cap. 4°.

ni publicæ mandari non poſſint ſi eorum
conſenſu expreſſo vel tacito deſtituantur, etſi
fortaſſe quàm plurimis Ecclesiæ Gallicanæ pro-
ceribus acceptæ fuerint. (a)

Le droit, qu'ont les Princes, d'examiner
les decrets des Conciles ſur la diſcipline,
& de donner des édits pour les faire obſerver après qu'ils les ont reçus, n'eſt ni
nouveau, ni particulier à nos Rois; les
Empereurs en jouiſſoient. L'Empereur
Marcien confirma par trois ordonnances
conſécutives les canons du Concile de
Calcédoine, & par la troiſiéme il prononce la peine d'exil & la confiſcation
des biens, tant contre les Eccléſiaſtiques,
que contre les Laïcs qui ſeront réfractaires aux déciſions du Concile.

Troiſiememenт. Les Princes veillent
à la conſervation de la paix dans l'E-
gliſe.

C'eſt par cette raiſon, que dans le ſchiſme d'Avignon cauſé par Boniface IX. &
Benoît XIII. pendant le pontificat de ces
deux Papes, CharlesVI. fit gouverner l'E-
gliſe deFrance par les Prélats du royaume
ſous ſon autorité, avec défenſes, pour conſerver la paix, d'obéir à aucun des deux

____

(a) *Concord. ſacerd. & imp. lib. 2°. cap. 17°.*

Papes, & de recevoir leurs bulles ; & après la mort de Boniface, le Roi voyant que la voie de la ceſſion étoit l'unique moyen de remédier au ſchiſme, il ordonna que ſi les contendans ne l'acceptoient pas dans un tems limité, il ne prêtroit, ni ſon Egliſe, obéiſſance à aucun d'eux. (*a*)

Il faut obſerver qu'après que la France eût reconnu & prêté obéiſſance à Benoît XIII. non plus qu'après que le ſchiſme fût diſſipé, on n'alla ni vers ce Pape, ni à Rome demander la confirmation des élections qui s'étoient faites pendant le ſchiſme, ni de nouvelles proviſions des bénéfices auſquels les Collateurs avoient nommés. Le Roi au contraire donna des lettres patentes en 1403. par leſquelles il eſt dit ; que les proviſions des bénéfices données par les Ordinaires pendant la ſouſtraction, demeureront bonnes & valables, ſans payer aucuns deniers aux Collecteurs du Pape. Voyez ces lettres patentes, elles ſont intéreſſantes par les faits qu'elles contiennent. (*b*)

Voyez encore les *Adviſamenta ſuper mo-*

____

(*a*) Lettres patentes de Charles VI. du 27 Juillet 1398. Preuves des libertés, chap. 23.

(*b*) Dans Preuves des lib. de l'Egl. Gall. ch. 20.

do regiminis Ecclesiæ Gallicanæ , durante neutralitate , deliberata & conclusa Parisius per Concilium Ecclesiæ prælibatæ Congregatæ mandato Regis , post Missam solemnem de Spiritu Sancto in sacrâ Capellâ regalis Palatii celebratam , à die undecimâ mensis Augusti usque ad diem quintam mensis Novembris , ann. 1408°.

Le Concile de Pise tenu en 1409. approuva les délibérations prises par l'ordre du Roi dans cette assemblée.

QUATRIEMEMENT. Les Princes empêchent le relâchement de la discipline. Et parce qu'ils doivent en rendre compte, *Deo debere se rationem reddere ,* comme dit le canon cité, ils sont en droit de faire des loix à ce sujet.

De-là vient que nos Rois ont fait assembler tant de Conciles sur la réformation de la discipline.

Ils se faisoient informer autrefois des point de discipline sur lesquels on se négligeoit, & après qu'ils avoient indiqués les Conciles , ils envoyoient aux Evêques assemblés un détail des matieres sur lesquelles ils leur ordonnoient de délibérer. *(a)*

____

(a) Preuves des libertés de l'Eglise Gallicane , chap. 21.

Henry III. donna des lettres patentes datées de Fontainebleau le 10 Juillet 1582. adreſſées à l'Archevêque d'Embrun, par leſquelles il lui eſt enjoint d'aſſembler le Concile de ſa province. (*a*)

Déclaration de Louis XIV. par laquelle il ordonne aux Archevêques de ſon royaume, de tenir les Conciles provinciaux au moins de trois ans en trois ans, conformément aux anciennes ordonnances, (*b*) datée du 16 Avril 1646. donnée en conſéquence des remontrances faites à ſa Majeſté par les Cardinaux, les Archevêques, & autres Eccléſiaſtiques, pour remédier au relâchement dans lequel étoit tombée la diſcipline eccléſiaſtique. (*c*)

Le droit qu'ont nos Rois de convoquer & d'indiquer des Conciles, ſuppoſe en eux celui de juger & décider des raiſons pour leſquelles les Evêques voudroient d'eux-mêmes en aſſembler : comme protecteurs & défenſeurs de la diſcipline, ils doivent prendre connoiſſance de tous les réglemens que les Evêques

(*a*) *Idem & Ibidem.*
(*b*) Voyez l'ordonnance de 1551. art. 45.
(*c*) Recueil des Pragmatiques, &c. ordon. & Édits de nos Rois de M. Rouſſeau de la Combe.

font dans leurs affemblées , & comme
Magiftrats politiques , ces affemblées ne
peuvent fe faire qu'avec leur agrément.
C'eft conformément aux ordonnances du
royaume rendues à ce fujet, que le Parlement de Provence fit défenfes par arrêt
le 19 Juillet 1612. aux Archevêques,
Evêques, & autres Eccléfiaftiques de la
Province, de s'affembler pour quelque
caufe que ce fut, fans l'expreffe permiffion du Roi. (*a*)

I es Cours fouveraines, dépofitaires de
l'autorité Royale , font fpécialement
chargées de veiller aux contraventions
qui fe font aux faints canons, & aux
réglemens qui concernent la difcipline
eccléfiaftique ; & c'eft en vertu de la
connoiffance que les Rois leur ont accordé, des fautes qui fe commettent en
ces matieres, que le Parlement de Paris
rendit le 27 Juin 1542. un arrêt qui en-

(*a*) Voyez cet arrêt dans les Preuves des lib. de
l'Egl. Gall. ch. XI. Et dans ce même chapitre l'arrêt
du Confeil d'Etat du Roi, portant défenfes aux
Agens Généraux du Clergé de France, de former à
l'avenir aucunes oppofitions à l'exécution des édits
& ordonnances de Sa Majefté ; & audit Clergé de
faire aucune affemblée générale, ou particuliere,
fans la permiffion. Cet arrêt eft daté de 1640.

joint aux Chanoines de l'Eglise Prima-
tiale de Bourges, d'obferver le chapitre
de la Pragmatique, *de divino officio cele-
brando.* (*a*)

Les Parlemens demeurans dans ces
bornes rempliffent les fonctions de leur
miniftere, & les vûes que doit avoir le
Prince fur l'ufage de l'autorité qu'il leur
confie; leurs arrêts doivent avoir le même objet que fes ordonnances ; ils feroient abufifs, s'ils s'étendoient en cette
matiere au-delà ; tel qu'auroit été celui
qui vient d'être cité, s'il eut été prononcé fur le mérite du decret porté par le
chapitre *de Divino.*

Enfin, le Prince par lui-même, ou par
fes Officiers, punit ceux qui attaquent
l'Eglife, il fait refpecter ceux qui la défendent & qui la gouvernent, il y maintient la paix, il empêche le relâchement
de la difcipline ; & comme l'Eglife eft
dans l'Etat, il préfide au gouvernement
& à l'adminiftration de fes biens temporels. Comme arbitre de l'intérêt de fon
royaume, il peut fur les points de difcipline qui regardent directement cet intérêt, faire des réglemens , en ordonner

______

(*a*) Cet arrêt eft rapporté dans Feyret, livre
premier . chap. 5.

l'exécution à tous ſes ſujets indifféremment, ou empêcher l'exécution de ceux
de l'Egliſe qui ſeroient contraires à ce
même intérêt, pourvu qu'ils ne fuſſent
que dans l'ordre de la plus grande perfection.

Ce ſont là les limites de la puiſſance
des Princes ſur les matieres qui concernent la religion, tout le reſte dépend de
la ſcience des divines Ecritures, qui eſt
donnée en partage aux Prêtres. *Labiæ
Sacerdotis cuſtodiant ſcientiam , & legem re-
quirent ex ore ejus.* (a)

(a) *Malach.* 2°. 7°.

CHAPITRE

CHAPITRE III.

Des Limites de la Puiſſance des Mi-
niſtres de l'Egliſe, ſur le temporel
des Rois.

MAXIME I.

NOUS avons établi, par l'autorité
des ſaintes Ecritures, dans le premier Chapitre, que les Rois tenoient
leur ſceptre immédiatement de Dieu, &
qu'ils n'étoient ſoumis qu'à lui ſeul, dans
le gouvernement de leur temporel.

De ce principe, il ſuit qu'ils ne doivent
rendre compte qu'à Dieu ſeul de leur
adminiſtration. Nos Rois, comme Chrétiens & Catholiques, doivent également
porter au tribunal de la Pénitence, & les
fautes qu'ils commettent dans le gouvernement de leurs Etats, & toutes autres
qui peuvent être la matiere de ce Sacrement : & c'eſt le ſeul acte de juriſdiction
que les Miniſtres de l'Egliſe puiſſent exercer ſur eux, pour raiſon de leur temporel ; l'Egliſe n'ayant point de tribunal

extérieur, que celui qu'elle tient de la concession des Rois, il seroit ridicule de dire qu'ils peuvent y être cités.

Ce seroit donc un abus manifeste, si le Concile général, le Pape, ou les autres Ministres de l'Eglise, prétendoient connoître du temporel des Rois.

Les Ministres de l'Eglise sont le partage de Dieu, & Dieu est le leur, *pars mea Dominus*. Le Seigneur les consacre par leur vocation à un ministere divin, dont les fonctions toutes saintes & toutes spirituelles, n'ont de rapport qu'à son culte & à son service. Ces fonctions demandent aussi, de ceux qui y sont employés, un dégagement de tout mélange d'embarras & de sollicitude pour le temporel, afin que toute leur conduite ne consiste à n'être qu'à Dieu, & à y conduire tous ceux avec lesquels leur ministere leur donne quelque relation.

C'est pourquoi dans l'ancienne alliance, Dieu ayant choisi les Lévites pour le Sacerdoce, il ne voulut pas qu'ils eussent part dans le partage de la terre promise au peuple Juif; il leur déclara qu'il seroit lui-même leur part & leur héritage; il ne leur laissa qu'une simple habitation, & les décimes pour leur subfiftance. *Non habebunt Sacerdotes & Levitæ & omnes qui de eadem tribu funt , partem & hæreditatem cum reliquo populo Ifraël , quia facrificia Domini & oblationes ejus comedent & nihil aliud accipient de poffeffionè fratrum fuorum : Dominus enim ipfè eft hæreditas eorum. (a)*

La loi de la nouvelle Alliance n'a apporté aucun changement dans le fort des Prêtres. *Nolite poffidere aurum neque argentum , neque pecuniam in zonis veftris. (b)* Jefus-Chrift défend également aux Miniftres de fon Evangile, d'avoir aucunes poffeffions , & celles dont la difcipline Eccléfiaftique leur permet de jouir , ne doivent pas s'étendre au-delà du fimple entretien ; comme dépofitaires des dons & des aumônes des fidéles , ils doivent avec fcrupule difpenfer le furplus aux pauvres , & en autres œuvres méritoires.

La difcipline ne regardant que l'extérieur, ne difpenfe pas les Prêtres des difpofitions intérieures que la loi leur prefcrit fur le détachement des biens temporels, pour s'attacher uniquement aux fonctions de leur faint miniftere.

Il eft donc de toute évidence, tant

(a) *Deuter.* 18°. 1°. 2°.
(b) *Math.* 10°. 9°.

par les faintes Ecritures de l'ancienne &
de la nouvelle alliance, que par la plus
ancienne tradition, que le Sacerdoce a
toujours été borné aux feules chofes qui
regardoient la religion.

On lit en effet dans le texte facré de
l'Evangile, que le Fils de Dieu a donné à
fes Apôtres deux fortes de puiffance ;
l'une ordinaire, & l'autre extraordinaire ;
celle-ci s'étend aux miracles, l'autre à
annoncer l'Evangile, à prêcher le royaume des Cieux : c'eft dans cette derniere
que fe trouve la fource du miniftere Sacerdotal de la nouvelle loi, & comme
dit M. Boffuet, *hujus (poteftatis ordina-*
riæ) caput, eft verbi prædicatio, Ecclefiaftici
minifterii bafis ; hanc deindè confequuntur Sa-
cramenta confecranda, adminiftranda dignis...
indignis pro poteftate adimenda ; tum hæc
omnia complexum regimen Ecclefiafticum,
monere, increpare, arcere facris... nullâ tem-
poralium cuiquam five dandorum five adimen-
dorum mentione factâ. (a)

De l'aveu de toutes les Nations la
puiffance temporelle des Souverains
vient de Dieu, & elle eft établie pour le
bien de la fociété humaine, pour y main-

____

(a) *Deffenfio Cl. Gall. p.* 14. *lib.* 5°. *c.* 13;

tenir l'ordre, y entretenir la paix, y faire régner la juſtice. Et qui ne voit clairement dès-là même, que les Princes n'ont
que Dieu au-deſſus d'eux dans le gouvernement des Etats qu'il leur a ſoumis,
puiſqu'il n'a point établi d'autre puiſſance de laquelle ils puiſſent dépendre, &
qui puiſſe les réformer, les juger, & les
corriger ?

Or, qui pourroit ſe perſuader que
Dieu eut changé l'ordre des choſes humaines, & la nature de l'autorité ſouveraine en établiſſant le Sacerdoce, ſoit
dans l'ancienne loi, ſoit dans la nouvelle ? lorſque l'on voit au contraire dans
toute l'Ecriture & dans la tradition, que
l'établiſſement des Prêtres n'a fait qu'af-
fermir l'autorité Royale, étant chargés
d'annoncer aux peuples, qu'elle vient
de Dieu, & devant leur prêcher par l'e-
xemple, l'obéiſſance à cette autorité.
Non eſt enim poteſtas niſi à Deo. (a) *Subdi-
ti eſtote, non ſolum propter iram, ſed etiam
propter conſcientiam.* (b)

M A X I M E II.

C'eſt ſur ce principe qu'il faut juger

(a) *Rom. cap.* 13°. 1°.
(b) *Ibid. v.* 5°.

F iij

que les excommunications, & les autres peines canoniques, lancées par les Miniftres de l'Eglife contre les Rois, pour raifon de leur temporel, font abufives.

Appuyé de l'autorité de l'Ecriture fainte, & de ces régles évidentes par elles-mêmes, & qui n'ont d'autre fource que la raifon, perfonne ne doit héfiter de dire que les maximes contraires à celles-ci font directement oppofées à l'ordre établi par Dieu entre les deux puiffances qui gouvernent fur la terre.

Ainfi, il feroit injurieux à la Majefté de nos Rois, de dire qu'ils ne font exempts d'excommunication, que par privilége du faint Siége.

Il eft vrai que les Papes ont donné des bulles à cet effet ; mais ces bulles font bien moins une preuve de la puiffance de l'Eglife, qu'elles ne font dans le fait, des marques certaines de l'ambition des Papes qui les ont données. Ce droit d'exempter les Rois des peines canoniques, pour raifon de leur gouvernement, fuppoferoit celui de juger de leur adminiftration, ce qui favoriferoit cette maxime Ultramontaine du pouvoir indirect fur le temporel, l'allégorie des deux glaives, & tant d'autres fauffetés, ouvrage de la plus baffe flatterie.

Si l'on replique que nos Rois ont reçu avec respect ces bulles, il est aisé de répondre que de-là on ne doit pas conclure de leur validité; car en remontant aux tems dans lesquels elles ont été données, on apprend par l'Histoire que les circonstances ont forcé les Princes de dissimuler les droits qui les autorisoient à réprimer des entreprises de cette nature. D'un côté, la crédulité des peuples pouvoit alors rendre les excommunications aussi dangereuses en France qu'elles l'avoient été dans d'autres Etats. D'un autre côté, depuis l'attentat de Grégoire VII contre l'Empereur Henri IV. la puissance des Papes recevoit chaque jour de nouveaux accroissemens; aussi nos Princes s'accommodans aux tems critiques ont pu regarder ces bulles comme des précautions que la sagesse demandoit qu'ils prissent alors, autant contre leurs propres sujets, que contre les Papes, successeurs de ceux qui les donnoient.

Le rang auguste où la Royauté place les Princes, les met au-dessus de tout jugement humain, c'est à Dieu seul qu'ils sont responsables des fautes qu'ils font dans leur gouvernement, & Dieu seul a le droit de les en punir. *De populo. si quis erraverit, & Deo peccat & Regi, nam quando Rex delinquit, soli Deo reus est, quia hominem non habet qui ejus facta dijudicet.* (a)

D'ailleurs, ces sortes d'excommunications sont une nouveauté, l'Histoire n'en donne aucun exemple dans les dix premiers siécles de l'Eglise. Les Papes cependant, à commencer par Grégoire VII. & même par Paul III. n'ont pas reçu du Ciel une plus grande plénitude de puissance que n'avoient eu leurs prédécesseurs ; ils n'étoient pas plus éclairés non plus sur les droits & les prérogatives du Siége de Rome, que l'avoient été Léon I. Grégoire le Grand, Agathon, & saint Pierre lui-même. Combien néanmoins d'autres Princes, outre les Empereurs Constance, Valens, Zenon, se sont, pendant leur régne, rendus coupables de crimes qui auroient mérités dans des personnes privées les censures les plus terribles de l'Eglise, & contre lesquels on n'a pas cru pouvoir, ni devoir les mettre en usage.

Que l'on parcoure enfin toute l'Histoire sainte ancienne & nouvelle, on n'y

______
(a) *Cassiod. Epist. in Psalm.* 50º.

verra point que le Sacerdoce ait eu quelque droit fur les Princes, foit pour les établir, foit pour les dépofer, foit pour les corriger & leur impofer des peines à caufe de leur gouvernement. Les Juifs ont eu des Rois impies, idolâtres, ennemis de la religion ; l'Eglife dans fa naiffance a eu des Empereurs qui l'ont perfécutée, qui, comme les Rois Juifs s'étoient déclarés ennemis de tous les gens de bien, ceux-ci des Prophétes, ceux-là des Papes, des Evêques ; les Prophétes cependant envoyés de Dieu avec la plus grande autorité, n'ont jamais penfé à dépofer ces Princes fi peu dignes de régner ; ils les ont honorés au contraire, parce qu'ils étoient Rois, parce que leur perfonne étoit facrée, parce qu'ils étoient perfuadés que les Rois n'ont que Dieu au-deffus d'eux, & que c'eft à lui feul qu'eft réfervée la vengeance de leurs crimes.

C'étoit-là la doctrine des plus fçavans & des plus faints perfonnages de l'antiquité. ,, Sire, difoit au Roi Grégoire de ,, Tours, fi nous manquons, vous nous ,, jugez : fi vous manquez, qui vous juge- ,, ra, finon celui qui eft la fouveraine juf-

„ tice ? « (*a*) C'étoit celle auſſi de l'illuſtre Boſſuet, Evêque de Meaux, *Cum enim, diſoit-il, conſtet regiam ac ſupremam poteſtatem etiam inter infideles à Deo eſſe, non minùs certum eſt huic poteſtati nullam ſuperiorem à Deo fuiſſe impoſitam.* (*b*)

Nos uſages n'ont preſque point variés ſur ce point : dans le 9ᵉ. ſiécle on tenoit pour certain que nos Rois ne pouvoient être excommuniés, quand même il ſeroit queſtion d'affaires purement ſpirituelles. Tel fut le réſultat de l'aſſemblée des Grands du royaume, au ſujet du différend de Lothaire avec le pape Nicolas I. ſur le divorce de ce Prince avecThietberge.

Dicunt ſapientes quia iſte Princeps nullorum legibus vel judicis ſubjacet, niſi ſolius Dei qui eum in regno quod ſuus pater illi dimiſit Regem conſtituit ; & ſi voluerit pro hac vel pro aliá cauſá ibit ad placitum, vel ad Synodum, & ſi noluerit, liberè & libenter dimittet : & ſicut à ſuis Epiſcopis quicquid egerit non debet excommunicari, ita ab aliis Epiſcopis non debet judicari quoniam ſolius

(*a*) Lib. 9.
(*b*) Defenſ. declarat. Cleri Gall. p. 24. lib. 5°. cap. 4°.

Dei Principatui debet subjici. (a)

On n'auroit pas en ce tems agité la question, s'il ne se fut agi que du temporel entre le Roi & le Pape ; c'est une preuve que l'on étoit bien éloigné de penser que les Ministres de l'Eglise pussent en aucune forte en demander compte à nos Princes.

Lothaire étant décédé, Charles s'empara de la Lorraine contre les traités faits entre lui & Louis le Germanique, avec lequel il devoit partager ce royaume ; pour lors le Pape Adrien II. prenant le parti de Louis, écrivit à Charles, & lui fit dire par ses Ambassadeurs, *qu'il lui défendoit sous peine d'excommunication , de toucher à cette terre ;* (la Lorraine.)

Charles assembla les Evêques de France , pour les consulter sur la réponse qu'il devoit faire aux menaces, jusqu'alors inconnues , du Pape.

Les Evêques assemblés supplierent le Roi de leur permettre de répondre au Pape pour lui , & en son nom ; & telle fut la réponse qu'ils firent.

» Que c'étoit chose inouie que les

(*a*) De Hincmar , dans les Preuves des libertés de l'Egl. Gall. ch. 4.

» Pontifes Romains priſſent la hardieſſe
» d'excommunier les Rois de France;
» que les royaumes ſe conqueroient par
» l'épée, & ſe donnoient à qui Dieu vou-
» loit par le conſentement des peuples;
» qu'au reſte, s'il y avoit quelque diffé-
» rend entre les Princes, il n'en étoit
» point le juge, & pouvoit encore moins
» les forcer par ſes cenſures, qui ne les
» empêcheroient pas d'entrer en paradis,
» non plus quelles ne pourroient les ſe-
» courir contre les Normands, auſquels
» il falloit oppoſer un tel Prince que
» Charles. « (*a*)

ANAGUIN, Légat du Pape Grégoire
VIII. dans l'affaire de Henri, Roi d'Angleterre, avec Philippe Auguſte, me-
naça ce Prince d'excommunication, &
de mettre ſon Royaume en interdit. A
quoi Philippe répondit, *que ce procédé de
la part du Légat ſentoit les ſterlins d'Angleterre, & que les Rois de France n'étoient en
rien ſujets à la Cour de Rome, qui ne s'é-
tendoit que ſur les ames, & ſur les héreti-
ques qui vouloient faire la guerre à Dieu, & à
ſon Egliſe.* (*b*)

(*a*) Année 870. Mezeray, premiére édition.
Vie de Charles le Chauve.

(*b*) Mezeray, premiere édition, année 1186.

Othon, Evêque de Frisingue, l'un des plus sçavans hommes de son siécle, dit dans sa Chronique : *Lego & relego Romanorum Regum & Imperatorum gesta, & nusquam invenio quemquàm eorum antè hunc à Romano Pontifice excommunicatum, vel regno privatum, nisi fortè quis pro anathemate habendum putat quod Philippus ad breve tempus à Romano Episcopo inter pœnitentes collocatus, & Theodosius à beato Ambrosio propter cruentam cadem à liminibus Ecclesiæ sequestratusfit.* (a)

En ce tems parut le fameux *Dictatus* de Grégoire. VII. où on établit que le Pape a le droit de déposer l'Empereur, & de délier ses sujets du serment de fidélité. Tout le monde chrétien réclama contre une maxime si pernicieuse, & si contraire à l'ordre établi entre les Puissances.

Aussi tenons-nous pour maxime certaine & constante, une doctrine toute contraire à celle de ce libelle ; & pour

Ce fait est rapporté par Matthieu Paris, dans son hist. de Henri II. On le trouve encore dans les Annales d'Angleterre, de Roger Horeden, au regne de ce même Prince. Il est cité au quatriéme ch. des Preuv. des libert. de l'Egl. Gall.

(a) *Chron. ad ann.* 1067. *cap.* 35. *lib.* 6.

rendre les Papes à l'avenir plus réservés
sur les entreprises qu'ils pourroient faire
en prononçant des excommunications
contre nos Rois, en mettant leur royaume en interdit, en déliant leurs sujets
de leur serment de fidélité, pour disposer
ensuite de leur couronne; on a inséré
parmi les libertés de l'Eglise Gallicane,
comme une loi constante & irrévocable de l'Etat, que les excommunications
& autres censures lancées contre les Rois
de France, sont abusives, & qu'on n'y
auroit aucun égard.

*Quelques monitions, excommunications,
ou interdictions, qu'il (le Pape) puisse faire,
les sujets ne doivent laisser de rendre au Roi,
l'obéissance dûe pour le temporel, & n'en peuvent être dispensés ni absous par le Pape.* Art.
15 des lib. de l'Egl. Gall.

Voyez les lettres patentes du Roi Jean
données en 1350. par lesquelles ce Prince déclare qu'il n'est permis à personne
d'interdire aucune terre de son obéissance. Preuves des libertés de l'Eglise Gall.
chap. 4.

Voyez dans ce même chapitre l'arrêt
du Parlement de Paris, prononcé le 21
Mai 1408. qui condamne les bulles de
Benoît XIII. dit de Lune, qui excommu-

nioient le Roi, à être lacérées & brûlées.

Paul II. envoya en France ses bulles datées du 18 des Calendes de Mai 1468. portant excommunication contre Gunstad, Roi de Bohéme, & contre tous ceux qui donneroient du secours à ce Prince, & généralement contre tous les Rois catholiques qui leveroient des impôts sur les Ecclésiastiques de leur royaume, sans la permission de la Cour de Rome.

Telles furent les raisons & les représentations que les Parlemens & le Conseil du Roi firent, pour qu'on ne reçut point ces bulles.

» Premiérement. Ce n'est pas peu de
» chose de faire publier au Roi excom-
» munié, rengrégé, & anathême au
» royaume d'un autre Roi, mêmement
» celui de France, qui est très-chrétien,
» & ne connoît nul en temporalité (sen
» l'en avertir) & le priser si peu, que
» *jure auctoritatis*, on commande en sa
» terre le faire publier, ce qui ne fut
» jamais fait le semblable du tems des
» prédécesseurs du Roi. «

» Secondement. C'est grande entre-
» prise au Pape, de se attribuer puissance
» de priver Rois de leur dignité royale,

» en deux cas ; l'un , s'ils adhérent aux
» hérétiques ; l'autre , s'ils confpirent
» contre l'autorité du Pape; car la ma-
« tiere fe pourroit étendre en trop de
» branches , & encore l'envoyer publier
» au royaume de France , fen en aver-
» tir le Roi , & fen fon fçû & confente-
» ment. «

» *Item* C'eft grande entreprife d'en-
» voyer publier en France , que on n'affie
» ou lieve aucunes collectes réalles ou
» perfonnelles fur les gens d'Eglife , fen
» le congié du Pape ; car par ce moyen
» tous les fubjets du temporel des gens
» d'Eglife ne payeront plus rien au Roi,
» & fi veut le Pape innuer qu'ils font fes
» fujets en temporel , & non pas du Roi.

» *Item.* C'eft grande entreprife d'en-
» voyer publier en France , que ceux qui
» dépouillent ou détiennent les allans à
» Rome font excommuniés ; car par ce
» moyen toutes ordonnances royaux ; &
» tous les mandemens du Roi touchant
» les bulles de Rome & l'argent & billon
» qui fort hors du royaume ; feront
» nuls. «

» *Item.* C'eft grande entreprife d'ex-
» communier tous ceux qui en leurs ter-
» res impofent nouveaux péages , &
» l'envoyer

» l'envoyer publier en France. «

» *Item.* C'eſt grande entrepriſe de abo-
» lir tous les priviléges des Princes, ſoit
» Rois ou autres, touchant le contenu
» en ladite bulle, & que en ce leſdits pri-
» viléges ne leur prouffitent en rien, &
» n'en eſt le Roi amplus excepté que le
» mandre homme de ſon royaume, &
» l'envoyer publier en France. «

» *Item.* C'eſt un étrange article, que
» nul ne puiſſe être abſous des cenſures
» contenues en ladite bulle, ſinon quel'on
» voiſe au Pape, ne Prêtre nul n'en peut
» abſoudre, même en l'article de la mort,
» ſinon qu'il baille caution, s'il guérit,
» d'aller devers le Pape. »

» *Item.* Le brief porte, que en chacune
» des provinces de France y a aucuns
» enlaxés ès crimes contenus en ladite
» bulle, qui eſt un grand blaſme pour le
» royaume ; car jamais héréſie ne pullu-
» la, *quare & catera.* « (a)

Le Roi eut tout l'égard que ces repré-
ſentations méritoient, & voyant que ces
bulles bleſſoient en pluſieurs articles les
droits de ſa Couronne, & les libertés de
notre Egliſe, il les renvoya à Rome, &

____

(a) Preuves des lib. de l'Egliſe Gall. ch. 4.

fit défenfes à tous fes fujets Eccléfiaftiques & autres, de les recevoir & publier.

A ces bulles on auroit pu oppofer celles
du Pape Innocent III. par lefquelles il
reconnoît que les Rois de France ne con-
noiffent point de fupérieur pour ce qui
regarde le temporel de leur royaume,
& que le Pape ne peut à cet égard y exercer aucun acte de jurifdiction. *(a)*

Nous croyons inutile de difcuter cette
queftion, que Fevret, livre premier, chapitre 6. traite fort au long. Sçavoir, s'il
y a des cas pour lefquels le Pape & les
Evêques pourroient excommunier le
Souverain. Nous difons feulement que
l'on doit penfer que l'Efprit faint qui
préfide au gouvernement de l'Eglife,
infpireroit à fes Miniftres dans ces mal-
heureufes circonftances, les moyens les
plus propres pour ramener le Prince de
fon égarement ; & peut-être qu'au lieu
d'excommunication, qui loin de produi-
re quelque bien, pourroit au contraire
occafionner de plus grands maux que
ceux aufquels on voudroit remédier, le
Pape lui-même & les Evêques , fuivant
l'exemple de l'Apôtre, fe déclareroient
anathême pour le falut du Prince.

<hr>

(*a*) Preuves des libert. de l'Egl. Gall. chap. 4.

M A X I M E III.

Parce que les Ministres de l'Eglise n'ont aucune autorité sur le temporel du Roi, & n'ont droit de prendre aucune connoissance de son administration, comme il est prouvé dans la Maxime précédente ; ils ne peuvent par cette raison lancer d'excommunications contre ses Officiers, pour raison de l'exercice de leurs charges, sans commettre un abus.

En effet, les Magistrats, suivant l'axiôme des Jurisconsultes, *partes corporis sunt Regis.* Ils représentent la personne du Roi ; ils sont revêtus de son autorité ; la justice qu'ils dispensent au peuple est une partie de la puissance royale ; de droit, ainsi que le Prince, ils ne sont donc sujets à aucunes censures de la part des Ministres de l'Eglise pour ce qui concerne les fonctions de leurs charges ; ce n'est qu'au Roi auquel ils sont tenus d'en rendre compte, parce que c'est de lui qu'ils tiennent leurs emplois.

Cette maxime étant appuiée sur les mêmes principes que ceux qui démontrent que les Souverains ne sont en au-

eune forte fujets aux cenfures des Miniftres de l'Eglife pour le gouvernement de
leur temporel ; nous jugerons du mérite
des priviléges qui en exemptent leurs
Officiers, de même que nous avons jugé
de ceux qu'on leur a donné à eux-mêmes
pour cette fin ; ceux-ci dans le droit,
font au moins inutiles ; & fi nos Princes
les ont cités dans leurs ordonnances,
comme Charles V. & Louis XIII. c'eſt
qu'ils étoient dans des tems & dans des
circonſtances où il étoit à propos qu'ils
joigniſſent à leur droit l'autorité du Pape, autant pour en impofer aux Eccléſiaſtiques de leur royaume , que pour
n'être pas obligés de recourir à la force
& à la contrainte , pour les contenir dans
les bornes de l'obéiſſance. On peut encore ajouter cette raifon que M. de
Marca donne de l'ufage que l'on fait de
ces fortes de priviléges , *licet enim jura
cumulare & privilegium adhibere ad munien-
da illa quæ jure communi competunt.* (a)

De-là s'eſt établi dans ce royaume un
ufage conſtant,& qui a pris naiſſance dans
le même tems que les Eccléfiaſtiques ont
commencés à abufer de leur pouvoir ;

(a) *Concord. facerd. & imp. lib. 3. cap. 9°.*

c'eſt d'empêcher leurs Juges de procéder contre les Officiers du Roi par cenſures, & de les obliger par ſaiſies & amendes à les révoquer.

Les titres de ce droit ſont infinis, il eſt établi de la maniére la plus claire ; par les libertés de notre Egliſe.

Art. 16. *Ne peut auſſi (le Juge d'Egliſe) excommunier les Officiers du Roi, pour ce qui concerne l'exercice de leurs charges & offices, & s'il le fait, celui qui l'a pourſuivi eſt contraint par peines, amendes, & par ſaiſie de ſon temporel, or es qu'il fut Eccléſiaſtique, de faire révoquer telle cenſure ; auſſi ne ſont leſdits Officiers cenſés compris ès termes des monitions générales, pour ce qui concerne leurſdites charges.*

Extrait d'un Acte des Barons de Normandie, aſſemblés l'an 1205. qui déclarent les droits du Roi ſur les Egliſes, ſur les Eccléſiaſtiques, & ſur les Juges de cette Province.

Item diximus per Sacramentum noſtrum quod Archiepiſcopus, vel Epiſcopus, vel alia inferior Eccleſiaſtica perſona non debet ferre ſententiam excommunicationis in Barones, vel in Baillivos, aut in ſervientes Domini Regis, aut in Clericos damûs ſuæ, Rege non requisito , vel suo Senescallo. (a)

Ordonnance de Charles V. de 1369.
*Quo circà tibi tenore præsentium committimus
& mandamus , quatenùs si de cessu , seu interdicto (judicum de Meduntæ) tibi summa-
mariè constiterit , prædictos Episcopum , Ar-
chidiaconum. . . . ex parte nostrâ requiras , &
etiam præcipias eisdem si sit opus , ut hujus
modi cessum seu interdictum , in dictâ villâ ut
præmittitur appositum revocent & annulent :
quod si facere renuerint , aut plus debito distulerint , ipsos ad hoc per captionem & detentionem temporalitatis eorumdem , absque ali-
quâ recredentiâ de hoc faciundâ viriliter com-
pellas indilatè ; & insuper dictos Episcopum,
Archidiaconum. . . ut ipsi & eorum singuli. . .
Officiarios nostros & gentes si qui sint à sen-
tentiis excommunicationum eorumdem Episcopi & Archidiaçoni. . . sumptibus & expensis
absolvi.*

Autre ordonnance de ce même Prince , datée du 14 Mai 1370. par laquelle
il est ordonné que les biens temporels de
l'Archevêque de Rouen , & ceux de son
Official seront saisis , s'ils n'absolvent
sans délais e Baillif de cette ville , con-

______

(a) Rapporté au cinquiéme chap. des Preuv. des
lib. de l'Egl. Gall.

tre lequel cet Official avoit fulminé une
fentence d'excommunication , pour
avoir jugé & condamné à mort un Clerc
marié, accufé & convaincu de vol. (*a*)

Extrait des Regiftres du Confeil de
la Cour de Parlement, du Samedi 15
Mars 1409. . . . . » Entre le Procureur
» du Roi & Guillaume du Martroy,
» d'une part, & l'Archevêque de Rheims,
» d'autre part, fur le plaidoier du 13 de
» ce mois, & tout vû; il fera dit, que la
» Cour défend audit Archevêque, que
» pendant le procès il ne traicte ledit
» Guillaume, à occafion dudit procès,
» ailleurs qu'en la Cour de céans , &
» pour ce que pendant ledit procès, ledit
» Archevêque a prins exécutoire de la
» fentence obtenue en Cour de Rome
» qu'il a fait exécuter , & a fait ledit
» Guillaume dénoncer pour excommu-
» nié ; ledit Archevêque fera contraint
» par faifie & prife de fon temporel, de
» furfeoir de ladite exécution, & de faire
» abfoudre ledit Guillaume ; & fi con-
» damné ledit Archevêque envers le Roi,
» en amende de cent livres parifis. » (*b*)

(*a*) Dans le Regiftre A. des anciennes ordonnances. fol. 65.

(*b*) Preuv. des lib. de l'Egl. Gall. ch 6.

Autre Arrêt du Parlement de Paris, du 20 Avril 1485. par lequel l'Evêque du Mans est condamné d'absoudre provisoirement les Officiers du Roi au Mans, qu'il avoit excommunié, & ce par la prise de son temporel, son Official par prise de corps & de biens, & ajournement audit Evêque à comparoir en ladite Cour, pour répondre des entreprises qu'il a fait sur la justice & autorité du Roi. (*a*)

En 1580. quelques Evêques avoient tachés de faire recevoir la bulle de Grégoire XIII. *in Cœnâ Domini*, qui porte excommunication contre les Magistrats qui maintiennent la jurisdiction des Princes contre celle des Ecclésiastiques. Le Procureur du Roi du Parlement de Paris, se plaignit de l'entreprise de ces Evêques, & la Cour ordonna : » que tous » les Archevêques, Evêques, & leurs » Vicaires qui auroient reçu cette bulle, » & ne l'auroient pas publiée, eussent à » l'envoyer à la Chambre ; que ceux qui » l'auroient fait publier fussent ajournés » à venir répondre pardevant le Procu- » reur du Roi, & que cependant leurs » biens fussent saisis ; que quiconque s'y

(*a*) *Ibidem.* ch 5.

„ oppoſeroit fut réputé rebel & criminel
„ de Leze-Majeſté, & que cet arrêt ſeroit
„ imprimé & affiché. *(a)*

Ordonnance de Louis XIII. de 1629. art. 23. *Défendons, ſuivant les ordonnances de nos Prédéceſſeurs, à tous Prélats & Juges Eccléſiaſtiques, d'uſer d'aucunes cenſures contre nos Juges & Officiers, pour raiſon de la fonction de leurs charges, à peine de ſaiſie de leur temporel, & d'être procédé contre eux comme infracteurs de nos loix.*

Il eſt une autre queſtion ſur laquelle il ſemble que les meilleurs Auteurs ne ſe ſont pas expliqués aſſez clairement pour diſſiper les doutes & établir un droit conſtant, c'eſt de ſçavoir, s'il y a des cas dans leſquels les Juges d'Egliſe puiſſent prononcer des excommunications contre les Officiers du Roi, & en général quels ſont ces cas.

M. de Hericourt dans ſes Loix Ecclef. premiére part. ch. 22. max. 27. appuyé du ſentiment de Fevret, liv. 1. ch. 6. après avoir établi que les Officiers du Roi ne peuvent être excommuniés pour tout ce qui regarde les fonctions de leurs

(a) Dans Mezeray, Hiſt. de Fr. l. 61. & dans les Loix Ecclef. de M. de Hericourt, premiere p. des Conſt. des Papes, tit. 7.

charges , dit , » ce qui n'auroit point de
» lieu , fi un Juge royal entreprenoit de
» connoître des chofes de la foi , ou des
» matieres purement fpirituelles , dont la
» connoiffance en France eft réfervée aux
» Tribunaux Eccléfiaftiques ; car dans
» ce cas les Juges d'Eglife font les ven-
» geurs de leur jurifdiction , & peuvent
» fe fervir des armes que l'Eglife leur met
» entre les mains. «

Pour décider cette queftion , il faut
diftinguer deux fortes de jurifdictions
dans les Miniftres de l'Eglife ; l'une, qu'ils
ne tiennent que de Jefus-Chrift qui eft
effentiellement attachée au miniftere
qu'il leur a confié, & qui ne confifte que
dans le pouvoir d'enfeigner les Nations ,
de remettre les péchés , d'adminiftrer aux
fidéles les Sacremens , & de punir par des
peines purement fpirituelles , ceux qui
violent les loix de l'Eglife ; l'autre , qu'ils
ne tiennent que de la libéralité des Princes , qui s'exerce avec appareil , & dont
les matieres qui en font l'objet font dans
l'ordre des chofes temporelles , quoique
liées aux fpirituelles.

Cette premiére jurifdiction eft exer-
cée en France , comme dans tout le refte
du monde , par les feuls Eccléfiaftiques ,

parce qu'elle leur appartient de droit
divin ; & il eſt inconteſtable que les : cc-
cléſiaſtiques ont le droit de punir la témérité des Laïcs, dans quelques dignités
qu'ils ſoient conſtitués, dès qu'ils oſent
diſpenſer les choſes ſaintes.

L'exercice de la ſeconde dépend eſſentiellement du Prince, ſoit en qualité de
protecteur & de défenſeur de l'Egliſe &
de ſes Miniſtres, ſoit en qualité de Magiſtrat politique, & d'arbitre ſouverain
de l'intérêt de ſon royaume ; il en a confié le dépôt aux Eccléſiaſtiques, mais il
s'en eſt réſervé comme la ſurintendance.

C'eſt pour cette raiſon que dans le
ſiécle dernier, les Juges d'Egliſe con-
fondans ces deux ſortes de juriſdictions,
le Roi n'eut aucun égard aux vives re-
préſentations qu'ils lui firent ſur l'article
23 de ſon ordonnance de 1629. Ce
Prince crut qu'il devoit d'autant moins
réformer ſes intentions à ce ſujet ; que
dans le nombre des Eccléſiaſtiques il auroit pu s'en trouver dans la ſuite d'aſſez
indiſcrets pour abuſer des cenſures, &
en porter contre ſes Officiers, toutes les
fois qu'ils auroient prétendu qu'ils entre-
prenoient ſur les droits de l'Egliſe indiſ-
tinctement.

Ainfi, le Roi étant le fouverain arbitre de la juftice dans fon royaume, les Prélats & leurs Officiaux doivent recourir à lui , ou s'adreffer aux Cours fouveraines, lorfqu'ils ont lieu de fe plaindrre des entreprifes des Juges royaux ; ils en ont au moins le droit : *relictum eft*, dit M. de Marca , *etiam Epifcopis appellationis ab abufu remedium adverfus ipfa fupremarum Curiarum tribunalia , quæ fanctioris confiftorii decreti refcinduntur.* (a) C'eft d'ailleurs l'intention du Roi ; il eft dit dans le vingt-troifiéme article de l'ordonnance dont il eft parlé plus haut , » & au cas que » les gens d'Eglife foient grevés par nof-» dits Juges, ils en feront leurs plaintes » en nos Cours fouveraines ; & fi c'eft par » nos Cours fouveraines , ils fe retire-» ront pardevers nous en notre Confeil , » pour leur être pourvû ainfi que de » raifon. «

S'il en étoit autrement, il femble que le bon ordre feroit bleffé ; les Eccléfiaftiques par leurs cenfures fe feroient juftice eux-mêmes , & en appuyant de l'excommunication le droit qu'ils prétendroient avoir , ils mettroient des limites

____

(c) *Concord. facerd. & imp. lib.* 4°. *cap.* 21.

à l'autorité du Roi dans les choses ecclé-siastiques , dont il est le défenseur , le protecteur & le conservateur.

MAXIME IV.

Le Royaume de France, les villes , les bourgs, & les Communautés d'icelui ne peuvent être soumis à l'interdit. *(a)* Il y auroit donc abus , si le Pape , ou quelques autres Ministres de l'Eglise, prononçoient des interdits réels ou locaux pour ce royaume.

On est forcé d'avouer que les plus saints personnages , & les plus sçavans de tous les siécles , ont unaniment pensé depuis que les Juges d'Eglise font usage de l'interdit pour se faire obéir, que c'est un moyen extrêmement dange-reux , & qui semble être contraire à l'esprit de douceur, qui est celui de l'E-glise. Boniface VIII. celui des Papes qui en a usé avec le plus de passion, n'est pas disconvenu que les interdits avoient or-dinairement des suites plus funestes que les maux ausquels on vouloit remédier en en faisant usage. *Quia verò*, dit ce

(*a*) Fevret, liv. premier, chap. 6.

Pape, *ex districtione hujusmodi statutórum excressit indevotio populi , pullulant hæreses, & infinita pericula animarum insurgunt , ac Ecclesiis sine culpâ earum , debita obsequia , subtrahuntur. (a)*

Ce sont ces considérations qui ont principalement porté nos Rois & les Parlemens , à s'opposer à la fulmination des rescrits de Rome qui portoient ces sortes de censures.

Lettres patentes du Roi Jean données en 1350, par lesquelles il déclare qu'il n'est permis à personne d'interdire aucune terre de son obéissance.

Joannes , Dei gratiâ , Francorum Rex ; Baillivo Auvergniæ , vel ejus locum tenenti : Salutem. Referente in Curiâ nostrâ Procuratore nostro quod dilectus & fidelis noster Episcopus Claramontensis , prætextu redibenciarum quas in jocundo adventu suo à Clericis conjugatis & non conjugatis in suâ Diæcesi Claramontensi exigere consuevit , & sui prædecessores consueverunt hactenus levare, ut dicebant ipse Episcopus , seu ejus Officiarii , vel Officialis sententias excommunicationis vel interdicti , sive cessus & alias compulsiones.... licet alicui non liceat in domanio

(a) Cap. *Alma Mater*, 24ª. *in sext. de sent. excomm.*

noſtro apponere aliquod interdictum ſive ceſſum. . . . pro ut fertur in noſtri & juriſdictionis noſtra contemptum , dictorumque habitatorum damnum & præjudicium , &c. (a)

Fevret rapporte qu'en 1468. on rejetta un interdit mis ſur la ville de Nevers par Paul III. & que les Officiers du Roi ne ſe comporterent ainſi qu'en conformité des lettres patentes du Roi Charles V. de 1369. par leſquelles il étoit fait défenſes aux Prélats & à leurs Officiaux , de ne ſolliciter à Rome , ou de porter eux-mêmes ni interdits, ni excommunications ſur les villes & autres lieux de l'obéiſſance du Roi. Ce même Auteur cite d'autres lettres patentes confirmatives de celles-ci, données par Charles VII. au mois de Septembre 1440. (b)

M. de Héricourt dit » que les Conciles » permettent d'interdire une ville entiere » ou un bourg, non-ſeulement pour une » faute commune à tous les habitans, » mais encore pour celle du Seigneur, » ou des principaux Officiers ; ou quand » les Officiers en ayant été requis par le » Juge eccléſiaſtique, ne chaſſent point » un excommunié dont l'excommunica-

_____

(a) Preuves des libertés de l'Egliſe Gall. ch. 4.
(b) De L'Abus. Liv. 1. chap. 6.

» tion a été dénoncée & publiée dans
» l'Eglife, ou ne prennent point de me-
» fures pour obliger l'excommunié a fa-
» tisfaire à ce qui a été ordonné par l'E-
» glife. « (*a*)

Nous fçavons que c'eft là la difpofition de la Pragmatique, titre 21. & celle du Concordat, titre 15. mais nos ufages anciens que les Parlemens fuivent fcrupuleufement font contraires ; & Rouffeau de la Combe au mot *Interdit*, dans fon Recueil de Jurifprudence canonique & bénéficiale, affure qu'ils ne fouffriroient pas que l'on portât de ces fortes de cenfures, & que MM. les Procureurs généraux ne manqueroient pas d'en interjetter appel comme d'abus, dès qu'ils en auroient connoiffance ; parce que de droit naturel, il appartient aux Souverains de connoître de tout ce qui peut caufer du trouble & du défordre dans leurs Etats , ainfi que feroit l'interdit local.

Il nous refte encore deux titres qui confirment cet ufage,

Un acte d'appel au Roi & à fa Cour de Béziers, daté de 1271. des Confuls

______
(*a*) Loix Ecclef. des peines canoniques chap. 22. max. 22.

de

de la ville de Béziers , d'une sentence d'excommunication rendue contre eux & les habitans de cette ville par l'Evêque. *(a)*

Un autre acte d'appel interjetté par le Procureur général du Parlement de Paris en *1488.* d'un monitoire que le le Pape Innocent VIII. avoit décerné contre les Flamans sujets du Roi. *(b)*

Nous ajoutons deux raisons à celle de Rousseau de la Combe , qui démontrent l'abus des interdits locaux.

La premiére, qu'il est injuste de confondre les innocens avec les coupables , & de priver des avantages spirituels ceux qui ne s'en sont pas rendus indignes. Or on ne peut pas raisonnablement supposer qu'il ne se trouve plusieurs personnes dans tout un royaume , ou dans une ville, ou même dans un bourg, qui n'aient pas mérité la peine qu'inflige cette censure ; il y auroit donc de l'injustice à la la prononcer généralement & sans réserve.

La seconde, c'est qu'un interdit lancé sur un royaume à cause de la faute du

(a) Preuves des libertés de l'Eglise Gall. ch. 36.

(b) *Ibid.* chap. 44.

H

Souverain, ou fur. une ville à caufe de celle des Magiftrats, porte également les peuples au murmure & à la révolte. Or, tout ce qui tend au défordre, & à infpirer la défobéiffance au Souverain légitime, ou à fes Magiftrats qui repréfentent fa perfonne, non-feulement eft contraire au droit naturel, au droit public, mais même à l'efprit de la religion Chrétienne, à fa morale, au précepte de l'Evangile.

Ces raifons paroiffent fuffifantes pour penfer que les Miniftres de l'Eglife abuferoient de leurs pouvoirs, en portant des interdits locaux ou réels fur le royaume de France, & fur les terres de la domination du Roi.

CHAPITRE IV.

Des cas particuliers d'Abus dans les Bulles, Provisions, Mandats & Rescrits de la Cour de Rome.

MAXIME I.

LES Rois Très-Chrétiens, dit Pithou, ont de tout tems, selon les occurrences & nécessités de leur Pays, assemblé ou fait assembler Synodes ou Conciles Provinciaux ou Nationaux, èsquels, entre autres choses importantes à la conservation de leur Etat, se sont aussi traitées les affaires concernant l'ordre & la discipline Ecclésiastique de leur Pays, dont ils ont fait faire Régles, Chapitres, Loix, Ordonnances & Pragmatiques-Sanctions sous leur nom & autorité. (*a*)

De ces principes que les Rois de France se sont déclarés les Protecteurs & les Défenseurs de la Religion Chrétienne, dès le tems qu'elle est devenue la dominante dans leurs Etats, qu'ils ne

______
(*a*) Traité des Lib. de l'Egl. Gall. art. 10.

l'ont reçue que sous la condition que les regles de discipline seroient subordonnées aux loix fondamentales de leur Royaume, qu'elles n'altéreroient aucuns des droits de leur souveraineté & qu'elles seroient exécutées sous leur autorité ; il suit que le Chef de cette Religion, le Pape, est obligé, dans l'exercice du droit d'inspection qu'il a sur le gouvernement de l'Eglise universelle, de se conformer aux régles, aux usages, aux loix, suivant lesquelles nos Rois, de concert avec l'Eglise de France, ont jugés à propos que l'Eglise particuliere de leur Royaume se gouvernat. Ses Bulles, ses Brefs, ses Constitutions, lorsqu'elles sont adressées à l'Eglise de France, doivent donc être conformes à ses régles de discipline & à ses usages particuliers ; si elles font des innovations, ou qu'elles établissent un droit contraire, dès-là elles font abusives. *De ecclesiasticis privilegiis, quod vestra fraternitas scribit, hoc, postpositâ dubitatione, teneat ; quia sicut nostra deffendimus ita singulis quibusque ecclesiis sua jura servamus.* (a)

Les Papes doivent être d'autant plus scrupuleux sur le respect que méritent les

(a) *Can. privilegia* 8º. *c.* 25ª. *q.* 2ª.

priviléges, les anciens ufages & les libertés des Eglifes particulieres, qu'il paroît par une Lettre du Pape Hilaire,
adreffée aux Evêques de France en 465.
que la doctrine de Rome étoit conftante
depuis les Apôtres fur celui que le S. Siége leur avoit porté. *Ita veftræ*, dit ce
Pape, *caritati cognitionem adnexa quærimo-
nia delegamus ut nihil adverfum venerandos
canones, nihil contra fanctæ memoriæ deceffo-
ris mei judicium valeat, quidquid obreptum
nobis effe conftituit. Nolumus namque ecclefiarum privilegia quæ femper funt fervanda
confundi ; quia per hoc non minus in fancta-
rum traditionum delinquitur fanctiones,
quam in injuriam ipfius Domini profili-
tur* (a)

C'étoit encore le fentiment des Papes
du 11ᵉ. & 12ᵉ. fiécle. Leon IX. écrit ainfi
à Michel Evêque de Conftantinople, qui
blâmoit l'ufage où l'on eft dans l'Eglife
Romaine, de fe fervir du pain azyme dans
le faint facrifice, & qui vouloit faire prévaloir l'ufage contraire des Eglifes Grec-
ques. *Scit namque*, dit ce Pape, *quia nihil
obfunt faluti credentium diverfa pro loco &
tempore confuetudines ; quando una fides per*

______

(a) *Epift.* 4ᵃ. *in Collect. regia.* t.

dilectionem operatur bona quæ potest, uni Deo commendans omnes. (a)

Alexandre III. approuvoit l'usage de France sur la dissolution des mariages, dans le cas de malefices, quoiqu'il soit contraire à celui de l'Eglise de Rome, & que ce soit dans une matiere d'une grande importance. *Licet Ecclesia Romana propter maleficia legitime conjunctos dividere non consueverit ; si tamen consuetudo generalis Ecclesiæ Gallicanæ habet ut hujusmodi matrimonium dissolvatur, nos patienter tolerabimus. (b)*

Privilegia, disoit le Pape Leon dans son Epître à l'Empereur Marcien, *Ecclesiarum & Monasteriorum, sanctorum patrum auctoritate instituta, nullâ possunt improbitate convelli, nullâ novitate mutari, in quo opere axiliante Christo fideliter exequendo, necesse est hujus sanctæ sedis Pontifices perseverantem exhibere famulatum. Dispensatio enim nobis credita est & ad nostrum tendit reatum, si paternarum regula sanctionum nobis consentientibus vel negligentibus violentur. (c)*

Contra statuta patrum, disoit encore le Pape Zozime, *condere aliquid, vel mutare,*

(a) *Epist. ad Michaelem. cap. 5º.*
(b) *In appendice Conc. Later. cap. 2. de frigid.*
(c) *Can. privilegia. 2º. c. 25'. q. 2.*

nec hujus quidem sedis poteſt auctoritas. Apud nos enim inconvulſis radicibus vivit antiqui-tas cui decreta patrum ſanxére reveren-tiam. (a)

Nous ne craignons point de dire que le ſentiment de ces Papes, auſſi grands par leurs vertus que par leur ſcience, a ſervi de fondement à la maxime géné-rale que nous établiſſons ici.

En effet, c'eſt d'après un témoignage ſi autentique du reſpect qui eſt dû à tout ce qui porte le caractere d'antiquité , que l'on a mis au nombre des libertés de l'Egliſe Gallicane, ʺ que le Pape ne peut ʺ diſpenſer , au préjudice des louables ʺ coutumes & ſtatuts des Egliſes Cathé-ʺ drales ou Collégiales de ce Royaume, ʺ qui concernent la décoration , entrete-ʺ nement , continuation & augmenta-ʺ tion du ſervice divin : ſi ſur ce il y a ʺ approbation , privilége & confirma-ʺ tion apoſtolique, octroyée pour la ſuſ-ʺ dite cauſe aux Egliſes , à la requête du ʺ Roi , patron d'icelles, encore que leſ-ʺ dits priviléges ainſi octroyés ſoient ʺ ſubſéquents aux fondations deſdites ʺ Egliſes.

(a) *Can. contra* 7ᵒ. *c.* 25ᵛ. *q.* 1ᵛ.

De-là, on doit inférer que les Bulles, Brefs, Refcrits, &c. de la Cour de Rome , qui dérogent à l'état général de l'Eglife Gallicane, ou aux mœurs & coutumes anciennes du Royaume, ou aux ftatuts & priviléges des Eglifes particulieres & des communautés , confirmés par le Prince, ou autorifés par un long ufage, font nuls & abufifs.

De-là encore, cet ufage fondé fur le Droit & fur les Ordonnances Royaux, qui défend à tous fujets du Roi de fe fervir d'aucunes Bulles ou Brefs venans de la Cour de Rome, fans qu'auparavant lefdites Bulles ou brefs ayent été vus & examinés par les Parlemens , ou par autres qui en ayent commiffion du Roi.

Lettres patentes de Louis XI. du 8 Janvier 1475. qui ordonnent que toutes Bulles , Lettres & Refcrits venans de Rome feront examinés, & que l'on verra s'il n'y a rien qui foit contraire aux droits du Royaume, & aux libertés de l'Eglife Gallicane. (*a*)

Arrêt du Parlement de Paris, donnant commiffion au Procureur Général de cette Cour, pour contraindre quelques

____

(*a*) Rapportées au ch. 19. des Preuv. des Lib. de l'Egl. Gall.

Evêques d'apporter certains Brefs qu'ils avoient reçus de Rome, sur peine de privation de leur temporel, nonobstant oppositions ou appellations quelconques. Cet Arrêt est daté du 18 Août 1485. (*a*)

Autre Arrêt du Parlement d'Aix, du 25 Juillet 1626. par lequel sont faites défenses aux Evêques de la Provence, de publier & exécuter aucuns Brefs du Pape, sans avoir demandé l'annexe de ladite Cour, à peine de nullité & de saisie de leur temporel. (*b*)

Maxime II.

L'exécution des Bulles ou provisions de Rome, qui dérogent aux clauses des fondations des bénéfices, & aux statuts homologués des Eglises Cathédrales & Collégiales, est nulle & abusive.

Qui doute, dit Fevret, que les réserves & conditions apposées aux contrats primitifs de la fondation, ne doivent être suivies & entretenues, tant parce que la bonne-foi veut *pacta servari*, qu'à cause que l'intérêt public est

(*a*) *Ibid. ch.* 7.
(*b*) *Ibid. ch.* 10.

comme inséparable de ces fondations, *quæ semper publicam utilitatem respiciunt*, tellement qu'on n'y peut déroger? (*a*)

En effet, c'est un principe constant & irrévocable de nos libertés & de notre droit, *constans enim fixumque est juris Gallicani theorema, sacerdotio adjunctam qualitatem à fundatore adamussim esse servandam.* (*b*)

Ainsi, un bénéfice dont la fondation porte qu'il ne sera conferé qu'à un Prêtre, ne peut être conferé, même par le Pape, à un autre Ministre constitué dans un ordre inférieur; les bulles, provisions ou rescrits collatifs, donnés à un Diacre d'un tel bénéfice, seroient nuls ou abusifs, ainsi que ceux qui le dispenseroient dans ce cas de l'ordre de Prêtrise.

L'on dit plus, ajoûte Fevret à l'endroit cité, que si tels pourvus se vouloient mettre à couvert, en alleguant quelque usance & possession ancienne, contraire au titre de la fondation, qu'ils seroient déboutés par fin de non-recevoir.

Mais il faut observer que le sentiment de cet Auteur, sur la dérogation du Pape

(*a*) L. 3. *ch.* 1. *n.* 6.
(*b*) *Pol. tit.* 3. *lib.* 1°. *n.* 17.

aux ſtatuts des Egliſes ne doit point être ſuivi. C'eſt une ſuite toute naturelle des principes qu'il établit lui-même, & dans ce même chapitre, que le Pape eſt obligé de ſe conformer aux uſages, coutumes & loix du royaume; or, dès que les ſtatuts d'une Egliſe, ſoit Cathédrale ou Collégiale, ſont homologués ou confirmés par un uſage immémorial, ils ſont loi.

Auſſi, il faut croire que Fevret n'étoit pas bien inſtruit de la conteſtation qu'il expoſe, entre un pourvu en Cour de Rome d'une Chapelle de l'Egliſe de Saint Germain l'Auxerrois, & les Doyens & Chanoines de cette Collégiale. Le ſtatut par lequel ces Chanoines avoient depuis peu affecté les Chapelles, dont eſt queſtion, aux Chantres & Choriſtes de leur Egliſe, n'avoit pas été homologué; s'il l'eut été, il paroît inconteſtable que les proviſions obtenues en Cour de Rome ſur la réſignation, auroient été nulles, & que le Parlement auroit déclaré les Chanoines recevables dans leur appel.

M. de Hericourt met cependant une exception à cette régle. Il prétend que ſi le ſtatut ne portoit pas expreſſément le cas de la réſignation en faveur, on pourroit réfigner le bénéfice à une perfonne qui n'auroit pas la qualité requife par le ftatut ; parce que le Pape, dit cet Auteur, n'eft point cenfé avoir renoncé au droit de conférer le bénéfice à une perfonne qui auroit les qualités requifes par le droit commun ; & c'eft, ajoûte-il, parce que cette claufe n'étoit pas exprimée dans le ftatut de l'Eglife de Saint Germain l'Auxerrois, que les Chanoines n'ont point été reçus dans leur appel.

Tout le monde fçait que le fentiment de ce célébre Auteur eft d'un très-grand poids, & nous déferons à la plûpart de fes décifions avec la derniere affurance ; mais celle-ci paroît fufceptible de quelques réflexions.

1°. Le ftatut qui affecteroit un bénéfice pour un Chantre ou Chorifte d'une Eglife, *ex gremio*, exclue formellement tout autre qui n'auroi tpas cette qualité. C'eft le principal titre fur lequel ce bénéfice puiffe être requis.

2°. Le ftatut, homologué & confirmé dans tous fes points, fait une loi à laquelle le Pape ne peut déroger.

3°. Dans un pareil ftatut on doit regarder le cas de la réfignation en faveur, s'il y étoit exprimé, comme furabondant, il y eſt eſſentiellement ſuppoſé par les termes exprès & excluſifs de l'affectation aux Chantres ou Choriſtes.

4°. Il eſt au moins douteux que la diſpoſition des deux Arrêts, dont M. de Hericourt ne rapporte que la date, établiſſent l'exception du cas de la réſignation en faveur; d'autant mieux, qu'il eſt expreſſément dit dans le même endroit de Chopin, cité par M. de Hericourt, que le ſtatut de S. Germain l'Auxerrois n'avoit été homologué que par le Pape, ſans l'avoir été par le Parlement.

Maxime III.

Les Bulles que le Pape donneroit pour reſtreindre les droits du Roi ſur les biens temporels de l'Egliſe de ſon royaume, pour permettre des levées d'impots ſur ces biens, ou pour donner la faculté de les aliéner, ſeroient abuſives.

Les droits de ſupériorité, d'honneur, de juriſdiction & de profit, dont le Roi jouit ſur les biens de l'Egliſe du royaume, ſont inſéparables de ſa ſouveraineté; perſonne par conſéquent ne peut les en diſtraire.

Nous avons dit dans les chapitres précédens, que les deux qualités de Magiſtrat politique & de Protecteur de l'Egliſe, étoient les deux ſources de l'autorité du Roi dans la diſcipline qui concerne le culte divin & les perſonnes eccléſiaſtiques ; mais outre ces deux ſources, il y en a deux autres ſubordonnées, qui dans l'adminiſtration des biens de l'Egliſe, forment l'obligation de dépendre du Roi d'une maniere plus étroite. Ces deux ſources ſont les droits de féodalité & de fondation.

Le Roi jouit du premier en qualité de Magiſtrat politique, qui comprend eſſentiellement & éminemment une ſeigneurie directe & ſouveraine ſur tous les biens de ſon royaume.

Le Roi jouit du ſecond à titre de fondateur de preſque toutes les Egliſes Cathédrales, des Monaſteres, &c. & ce dernier privilége ajoûte à la qualité de Protecteur, en lui donnant un droit plus particulier ſur les biens des Egliſes qu'il a fondées.

Les Eccléſiaſtiques ſont ſoumis au Roi à deux titres ; ils ſont citoyens, & en cette qualité ils lui doivent obéiſſance, comme Magiſtrat politique & chargé de leur défenſe & de leur conſervation, ainſi que de ses autres sujets. Ils sont consacrés au culte des autels, ils sont les Ministres de la religion, & en cette seconde qualité, ils lui sont soumis, parce qu'il est le Protecteur, le Conservateur & le Défenseur de la religion.

Leurs biens, sous ces différens titres, lui devroient plûtôt qu'au Pape des contributions; les anciens Conciles de France ont reconnu qu'il avoit le droit d'en exiger.

Statuimus quoque cum Concilio servorum Dei & Populi Christiani, propter imminentia bella & persecutiones cæterarum gentium quæ in circuitu nostro sunt, ut sub precario & censu aliquam partem ecclesialis pecuniæ in adjutorium exercitûs nostri... retineamus... & si iterum necessitas cogat aut Princeps jubeat, precarium renovetur & rescribatur novum. (a)

Le quatriéme Canon du Concile de Thionville de 844. déclare que Louis le Débonnaire a le droit d'exiger des subsides des biens de l'Eglise.

In nomine sancta & individua Trinitatis amen. Constitutum est à Domino Philippo Francorum Rege, Concilio Archiep. Episc.

______
(a) *Ex Synodo Lyptinensi anno 743. sub Childerico III°. apud Lab. t. 6.*

& Baronum terræ suæ.... de decimis, quòd omnes illi qui crucem non habentes quicunque sint decimam ad minus dabunt hoc anno de omnibus mobilibus suis & de omnibus redditibus exceptis illis qui sunt Cisterciensis ordinis & ordinis Carthusiensis & ordinis suntis-Ebrardi & exceptis leprosis, quantum ad suum pertinet proprium. (a)

Extrait du Testament de Philippe Auguste lorsqu'il partit pour l'expédition de la Terre sainte en 1190. *Si autem aliquis filio nostro vellet movere guerram, & redditus sui quos habet non sufficerent, tunc omnes homines nostri adjuvent eum de corporibus suis, & Ecclesiæ tale faciant ei auxilium quale solita sunt facere nobis.* (b)

Ce sont ces droits, & tant d'autres, qui concernent les biens des Ecclésiastiques, soit par rapport à leur acquisition & administration, soit par rapport à leur conservation ou à leur aliénation, qui font partie du temporel de nos Rois, & sur lequel les Papes n'ont aucune autorité.

Ce point a été constamment la doctrine de l'Eglise de France depuis son établis-

(a) *Ex Conc. paris. anno. 1188. ex Collect. Reg. t. 27.*
(b) *Apud Rigardum in Philipp. Aug.*

sement

fement, & le Clergé en a fait une décifion folemnelle.

» Que Saint Pierre & fes Sucefeurs
» Vicaires de Jefus-Chrift, & que toute
» l'Eglife même n'ont reçu de Dieu de
» puiffance que fur les chofes fpirituel-
» les & qui concernent le falut, & non
» point fur les chofes temporelles & ci-
» viles ; Jefus-Chrift nous apprenant lui-
» même que fon royaume n'eft point de
» ce monde ; & en un autre endroit, qu'il
» faut rendre à Céfar ce qui appartient à
« Céfar, & à Dieu ce qui appartient à
» Dieu ; qu'il faut s'en tenir à ce pré-
» cepte de l'Apôtre faint Paul, que toute
« perfonne foit foumife aux puiffances
» fupérieures, car il n'y a point de puif-
» fance qui ne vienne de Dieu, & c'eft
» par lui que commandent celles qui font
» fur la terre ; c'eft pourquoi celui qui
« s'oppofe aux puiffances, réfifte à l'or-
» dre de Dieu. En conféquence, nous
» déclarons que les Rois ne font foumis
» à aucune puiffance eccléfiaftique, par
» l'ordre de Dieu, dans les chofes qui
« concernent le temporel, qu'ils ne peu-
» vent être dépofés directement ni indi-
» rectement par l'autorité des Chefs de
» l'Eglife, que leurs fujets ne peuvent

» être exempts de la soumission & de l'o-
» béissance qu'ils leur doivent, ou dis-
» pensés du serment de fidélité ; que cette
» doctrine, nécessaire pour la paix pu-
» blique, & autant avantageuse à l'E-
» glise qu'à l'Etat, doit être tenue com-
» me conforme à l'Ecriture sainte, à la
» tradition des Peres de l'Eglise, & aux
» exemples des Saints. (*a*)

C'est pourquoi le Roi étant maître ab-
solu de tout le temporel de son royaume,
& l'Eglise de France gouvernant le sien
sous son autorité, le Pape ne pourroit,
sans abus, donner des constitutions ou
des bulles qui permissent de faire des levées sur les biens de notre Eglise ou qui
donnassent aux Ecclésiastiques la faculté
d'en aliéner une portion sous quelque
pieux prétexte que ce soit. C'est ce qui
fait la matiere du quatorziéme article de
nos libertés.

» Le Pape ne peut lever aucune chose
» sur le temporel des bénéfices de ce
» royaume, sous prétexte *d'emprunt, im-*
» *pôt, vacance, dépouille, succession, dé-*
» *port, incompatibilité, commande, neuvié-*
» *me décime, annate, procuration, communs*

(*a*) Premiere Proposition de l'Ass. du Clergé de
1682.

» *ou menus services , propine , ou autrement ,*
» fans l'autorité du Roi & confentement
» du Clergé ; même ne peut par fes bul-
» les de pardons ou indulgences , charger
» les fujets du Roi de donner deniers ou
» autres aumônes pour iceux gagner ; ni
» en donnant difpenfes , fe réferver ou
» attribuer à fa Chambre les deniers des
» amandes : & font telles claufes réputées
» abufives.

Il eft inconteftable que le Roi a droit
d'empêcher la levée de deniers fur les
biens du Clergé de fon royaume , &
qu'ils ne foient aliénés , non-feulement
parce que ces biens font en fa garde , &
qu'il en eft le protecteur , mais encore
parce qu'il en eft le fouverain. En cette
qualité il a intérêt que l'argent de quelque part qu'il vienne , ne forte pas de
fon royaume. *Quidquid fit ,* dit M. de
Marca , *Rex tamquam protector libertatum
Ecclefiæ Gallicanæ , & vi etiam regiæ auctoritatis prohibere poteft quæcumque tributa ,
quæ fummus Pontifex , five titulo annatarum ,
five alio quolibet modo , imperare poffet
perfonis Ecclefiafticis , ac etiam prohibere ne
ea quorum exactioni confenfus jam eft adhi-
bitus augeantur in pofterum.* (*a*) Voyez fur

(*a*) *Concord. facerd. & imp. l.* 16. *cap.* 12.

ce sujet l'ordonnance de Charles VI.
de 1418. renouvellée par des lettres patentes en 1422. (*a*)

MAXIME IV.

Les Bulles & les Brefs que le Pape
donneroit en France pour légitimer les
bâtards, *ad temporalia*, seroient nuls &
abusifs.

Il est constant que le Roi ne peut
légitimer des batards *ad spiritualia* ; il est
par la même raison constant que le Pape,
n'ayant aucun droit sur le temporel & le
civil du royaume, ne le peut *ad temporalia*. Si le Roi & le Pape s'arrogeoient ces
droits, il y auroit entreprise réciproque.

*Soli Regi in Galliâ in temporalibus legiti-
mare pertinet.... si Papa spurios aut bas-
tardos in regno legitimare vellet ad succeden-
dum in temporalibus, Rex & officiarii talem
interprisiam repellerent, ac impetrantem talis
rescripti velut jus & auctoritatem regiam inter
vertentem punirent ; talia enim attentare abusus notorius est.* (*b*)

C'est le 21. article de nos libertés. » Le

(*a*) Preuv. des Lib. de l'Egl Gall. chap. 22.
(*b*) *Benedicti ad cap. Rayn. in verbo. si absq.
liberis. 2°.*

» Pape ne peut, en France, légitimer les
» bâtards & illégitimes, pour les rendre
» capables de succéder.

Papa dispensat cum illegitimo ut possit succedere in bonis temporalibus, & hoc in terris Ecclesia ubi habet temporalem jurisdictionem. In terris vero imperii non solet legitimare quoad temporalia, quamvis ibi multa sint opiniones, ista tamen servatur in forensi judicio quia dispensatio est jurisdictionis quam quis non exercet extrà territorium. Item in Regno Francia non legitimat nec dispensat Papa quoad temporalia, sed solus Rex. (a)

Le pouvoir du Pape s'étend seulement à dispenser les bâtards pour les Ordres sacrés, & pour posséder des bénéfices.

Il faut encore observer, avec Rousseau de la Combe, que les dispenses données à un bâtard, pour posséder un bénéfice, n'auroient pas lieu, si le bénéfice étoit affecté par le titre de sa fondation aux légitimes, avec la clause de l'exclusion des bâtards, ou si dans l'Eglise, où seroit situé le bénéfice, il y avoit un statut qui portât que nul n'y seroit admis, s'il n'étoit né de légitime mariage, & si ce

______

(a) *Rebuf. in praxi benef. addit. in regul. cancell. regula* 51*.

ſtatut avoit été ſuivi de lettres patentes homologuées par Arrêt.

Ce ſentiment eſt celui du plus grand nombre des Juriſconſultes & des Canoniſtes, il eſt fondé ſur le 21. art. des Libertés de l'Egliſe Gallicane.

» Le Pape ne peut légitimer bâtards
» & illégitimes, pour les rendre capables
» de ſuccéder ou leur être ſuccédé, ni
» pour obtenir offices & états ſeculiers
» en ce royaume, mais bien les diſpen-
» ſer pour être pourvus aux Ordres ſacrés
» & bénéfices, ne faiſant toutefois pré-
» judice pour ce regard aux fondations
» ſeculieres ou priviléges obtenus en fai-
» ſant icelles par les ſéculiers, ni pareil-
» lement aux ſtatuts, coutumes & au_res
» conſtitutions ſéculieres.

Maxime V.

Les bulles & les proviſions données par le Pape à un étranger non naturaliſé, d'un bénéfice ſitué dans le royaume, ou terres de la domination du Roi, ſont nulles & abuſives.

Aucun bénéfice ne peut être poſſédé en France par un étranger, par celui que notre droit appelle *Aubain*, à moins qu'il n'ait obtenu du Roi des lettres de naturalité, avec claufe expreffe. C'eft une loi d'Etat, & un des priviléges de l'Eglife Gallicane, aufquels le Pape ne peut déroger ; fes difpenfes & fes provifions bien loin de pouvoir faire un titre, même coloré, à celui à qui elles feroient accordées, feroient abfolument & effentiellement nulles.

Qui peut douter que le Prince ne puiffe faire des loix qui rendent certaines perfonnes incapables de pofféder des bénéfices, de même qu'il en fait qui rendent d'autres incapables de contracter le Sacrement de Mariage ? Voyez les Nottes fur Fevret, édition de 1736. elles critiquent bien judicieufement le fentiment de cet Auteur fur cette queftion, qui eft abfolument infoutenable.

Edit de Charles VII. du 10 Mars 1431. » Sçavoir faifons.... Nous vou-
» lant obvier aux inconveniens devant
» dits, en fuivant les bonnes ordon-
» nances & délibérations de notredit
». Prédéceffeur avons par grande & mu-
» re délibération de notre grand Con-
» feil, de notre fcience & autorité
» Royale, ordonné, & de rechef ordon-

» nons par ces préfentes que dorefna-
» vent nul de quelqu'état, dignité, pré-
» rogative, prééminence, ou autorité
» qu'il foit, ne fera reçu à tenir & avoir
» le gouvernement ou adminiftration
» d'aucun Archevêché, Evêché, Ab-
» baye, Dignité, Prieuré, ou autre Bé-
» néfice quelconque en notredit royau-
» me, s'il n'eft natif decelui notredit
» royaume & feigneurie. «

Article 39 des Libertés de l'Eglife Gallicane. *Nul de quelque qualité qu'il foit, ne peut tenir aucun bénéfice, foit en titre ou à ferme en ce royaume, s'il n'en eft natif, ou s'il n'a lettres de naturalité, ou de difpenfe expreffe du Roi à cette fin, & que ces lettres ayent été vérifiées où il appartient.*

Quelques Jurifconfultes modernes difputent entre eux, fi les bulles ou pro-vifions que le Pape donneroit de bénéfi-ces fitués en France, à un étranger qui feroit exempt du droit d'aubaine, fe-roient nulles ou valides.

Ceux, dit M. de Héricourt, qui font nés fujets des Etats pour lefquels le droit d'aubaine n'a point de lieu en France, pouvant y poffeder des biens immeu-bles, y tiennent des bénéfices fans dif-penfe, pourvu que leur patrie ne foit

point en guerre avec la France, dans le
tems qu'ils prennent poſſeſſion des bénéfices, ou qu'ils ſe ſoient etablis dans ce
royaume avant la guerre. Cette exemption du droit d'aubaine s'acquiert par
des Traités de paix, ou par des Edits
particuliers, qui tiennent lieu de lettres
de naturalité. (a)

Rouſſeau de la Combe rejette abſolument ce ſentiment, & il établit la maxime
contraire. Cet Auteur ſoutient qu'un
étranger eſt abſolument incapable de
poſſéder des bénéfices en France, même
quoique ſon pays ſoit déclaré exempt du
droit d'aubaine par des Traités, parce
que le Roi renonçant au droit de ſuccéder, ne renonce pas au droit de s'aſſurer
de la fidélité de ceux à qui il veut que
l'adminiſtration des bénéfices de ſon
royaume ſoit confiée. (b) Ce ſentiment
eſt conforme à celui de Bardet. t. 1. l. 3.
ch. 72.

Il paroît, en effet, que le ſentiment de
M. de Hericourt, ſur cette queſtion,
ſouffre bien des difficultés.

1°. L'uſage fondé ſur l'Edit du mois de

______

(a) Loix Eccleſ. 2. p. ch. 2. max. 21.

(b) Recueil de Juriſprud. Can. & Bénéf. au mot
étranger.

Mars 1431. & sur l'art. 4. de l'Ordonnance de Blois, y est contraire.

2°. L'exemption du droit d'aubaine, par Traité ou autrement , ne donne à l'étranger que la faculté d'acquerir dans le royaume des immeubles , avec le droit de les faire passer par succession à ses héritiers , soit regnicoles , soit étrangers. Ce qui ne peut équivaloir à des lettres de naturalité , qui outre ces priviléges , assimilent les étrangers aux naturels , en les faisant jouir , *en quelque sorte* , de tous les droits de citoyen.

Cette restriction tombe précisément sur la question présente : car suivant l'avis d'un de nos plus grands Magistrats , pour qu'un étranger puisse posséder un bénéfice dans le royaume , non-seulement il doit prendre des lettres de naturalité , mais il doit être disertement énoncé dans icelles , que le Prince lui accorde la faculté de tenir dans le royaume office & bénéfice. (*a*)

Enfin , il semble que l'on doit penser que les Cours souveraines regarderoient

______

(*a*) Ce sentiment est de M. Joli de Fleury , Conseiller d'Etat , ancien Procureur Général du Parlement , qui a bien voulu me le donner dans ces mêmes termes.

comme nulles & abusives, les bulles ou les provisions que le Pape donneroit d'un bénéfice situé en France à un étranger, quand même il jouiroit du droit d'aubaine.

Maxime VI.

Bulles du Pape, données de son autorité privée, pour de nouveaux établissemens en France, sont nulles & abusives.

Etablir des Universités & des Colléges publics, c'est un fait de Police. Personne n'a droit de faire ces établissemens en France, que le Roi ; & le Roi seul, ou ses Magistrats, peuvent leur donner des réglemens & autoriser leurs statuts.

Hodie nullius Collegii vel Universitatis statuta vim suam obtinent, nisi ex rescripto Principis , ut tradit indubitato textu constitutio Aurelianensis art. 99°. & nisi insuper à Senatu confirmata fuerint (dicimus vulgo) homologata & verificata. (a)

Les Evêques assemblés au Concile de Paris de 829. supplierent le Roi d'établir des écoles dans les trois principales villes de son royaume. *Obnixè ac suppliciter vestræ*

____

(a) *Mornac ad leg. neque societatem* 1am. ff. *quod cujuscumq. universitatis.*

çelſitudini ſuggerimus , ut morem paternum ſequentes , ſaltem in tribus congruentiſſimis imperii veſtri locis ſchola publica ex veſtrâ au-toritate fiant.

Les Evêques du Concile de Savoniéres en 859. firent les mêmes prieres & pour le même objet, à Charles le Chauve.

Toutes nos Univerſités enfin ſont éta-blies par nos Rois, & leurs Parlemens ſont dans l'uſage de prendre connoiſſance de l'exécution de leurs réglemens & de leurs ſtatuts. En 1535. le Parlement de Paris rendit un Arrêt qui ordonne la réforme de l'Univerſité de Paris.

Il faut appliquer cette maxime à toutes ſortes d'établiſſemens de Monaſteres, de Colléges, de Chanoines, d'érection d'Evêchés & Archevêchés, d'Abbayes en Evêchés, d'Hôpitaux, de tranſlation, diviſion, union d'Evêchés ou d'Abbayes, ſécular-iſation de Maiſons Religieuſes.

Le Pape de ſon autorité privée ne peut faire en France aucuns de ces éta-bliſſemens. Nos uſages & notre droit ont ſur cet objet une diſpoſition ſemblable à celle du droit Romain ; *l. 1. ff. 1. de rer. diviſ.*

Les loix politiques, en effet, ne per-mettent pas qu'il ſe forme aucun Corps

dans un Etat, fans la permiſſion du Chef;
cela ſeroit même contraire aux loix na-
turelles. D'ailleurs tout nouvel établiſſement de Religieux eſt une nouveauté
dans la diſcipline de l'Egliſe, & il eſt du
miniſtere du Protecteur de cette diſcipline, d'examiner ſi cette nouveauté peut
être utile ou non à l'Egliſe, il doit donc
en prendre connoiſſance.

Les formalités preſcrites pour l'établiſſement des Communautés régulieres
en France, ſont marquées dans l'édit du
mois de Décembre 1666.

*Jus autem diſſentiendi (vel conſentiendi, ut
minuentur, vel augeantur dioceſes) ex du-
plici capite regi (competit) tam jure tuitionis,
ne vetus conſuedo & ſtatus inveteratus Eccleſiarum illo invito mutaretur; tum pleno jure
regio. Cum fines Dioceſeon & reditus Eccleſiarum regia juriſdictioni æquè ſubſint, ac
jura ordinationum, huic vel illi Eccleſiæ aſſi-
gnandarum ſolam juriſdictionem eccleſiaſticam
reſcipiciunt. (a)*

Le Pape Luce III. voulut ériger Dol en
Métropole, & Philippe Auguſte s'y op-
poſa. Boniface VIII. ſéculariſa en 1295.
le Monaſtere de Pamiers, & voulut y

(b) *Marca de concord. ſacerd. & imp. lib.* 4.
cap. 13º.

établir un Siége Episcopal , mais ſes Bulles de ſéculariſation & d'érection demeurérent juſqu'en 1297. ſans être fulminées, parce qu'il les avoit données ſans l'agrément du Roi ; elles n'eurent leur effet que ſur les lettres patentes que le Prince donna, portant permiſſion à l'Archevêque de Narbonne de les fulminer, auquel le Pape en avoit adreſſé la commiſſion.

Voyez les Chapitres 34 & 35. des Preuves des Libertés de l'Egliſe Gallicane.

Il faut obſerver que quand même le Roi auroit donné ſon agrément pour obtenir à Rome les Bulles dont il s'agit ici, ſi elles contenoient quelques réſerves de ſommes ou redevances annuelles pour quelque cauſes & raiſons que ce fut, ces Bulles dès lors ſeroient nulles & abuſives.

MAXIME VII.

Bulles & proviſions du Pape, de bénéfices tombans en regale , quand même ils vaqueroient *in curiá* , ainſi que des bénéfices conſiſtoriaux vaquans également *in curiá*, ſans le brevet du Roi, ſont nulles & abuſives.

Sans entrer dans la diſcuſſion du tems

où a commencé la régale, & sur lequel les Sçavans ne sont point d'accord, nous assurons que ce droit est bien plus ancien & a des fondemens bien plus solides que toutes les réserves que les Papes ont jugés à propos de se faire de la collation des bénéfices. Ces réserves étoient encore ignorées au commencement du douziéme siécle ; le schifme d'Avignon pourroit plûtôt que toute autre chose leur avoir donné naissance.

Il suffit de dire ici, que dans le tems où ces réserves ont été le plus accréditées, elles n'ont point prévalu sur le droit de regale. Quelques prérogatives, dit M. de Héricourt, que les Papes ayent accordées à la réserve qu'ils se sont faite à eux-mêmes des bénéfices vaquans, par le décès du Titulaire en Cour de Rome, ils ont reconnu qu'ils ne pouvoient user de cette réserve, quand le bénéfice tomboit en regale. (a)

Cette maxime est constante ; ainsi les Bulles que le Pape donneroit dans ce cas seroient nulles.

Il y a un peu plus de difficulté pour les bénéfices consistoriaux.

(a) Ch. 6. de la seconde Partie, max. 19. loix Ecclef.

Tournet décide que le Pape ne peut pourvoir aux Evêchés & Archevêchés aucunes perſonnes, ſans la nomination du Roi, ʺ & il ne faut point, dit cet Auteur, ʺ conſidérer ſi le bénéfice a vaqué *inCuriá,* ʺ parce que le Concordat ne s'eſt jamais ʺ entendu d'Evêchés ni d'Archevêchés, ʺ & il ne faut point faire diſtinction d'Ar-ʺ chevêchés & Evêchés de villes limi-ʺ trophes, pour ce qu'en quelque façon ʺ & en quelque lieu qu'arrive la vacance ʺ de quelque Evêché que ce ſoit, le Pape ʺ ne peut pourvoir, ſans la nomination ʺ du Roi. ʺ (*a*)

M. de Hericourt dit au contraire, que le Pape s'eſt réſervé par le Concordat, *tit. 3. de reg. ad probat. nomin. ff. de eorum-dem.* le pouvoir de conferer, ſans attendre la nomination du Roi, les bénéfices conſiſtoriaux qui vaquent par le décès des Titulaires en Cour de Rome. Mais cet Auteur ajoûte que pluſieurs perſonnes ont prétendu que cette reſerve, qui n'avoit point lieu autrefois pour les bénéfices électifs, avoit été inſerée *par inadvertance* dans le Concordat, & qu'elle ne faiſoit point de loi. (*a*)

(*a*) Lettre. R. n. 82.
(*b*) Loix Eccl. 2. p. chap. 4. max. 7.

Il paroît inutile ici de difcuter le fait de *l'inadvertance.* On fent que la vérité, le doute, ou la fuppofition de cette inadvertance font également étrangers au fond de la queftion.

Car, d'un côté le Pape pourroit-il fe réferver ce qu'il n'avoit pas droit de donner; & d'un autre côté, le Roi pourroit-il, en foufcrivant à des réferves de cette efpéce, faire un contrat qui obligeât fes Succeffeurs; aliéner des droits de fa Couronne, qui de leur nature font inaliénables & imprefcriptibles. Quand même *l'inadvertance* n'auroit pas lieu, quand même le Roi auroit été bien inftruit de la claufe, & qu'il y auroit librement confenti, ne feroit-on pas en droit de réclamer.

Le Parlement de Paris a donné dans cette circonftance des marques de fon zéle à foutenir les droits du Prince. Le 6 Juillet 1628. il rendit un Arrêt, fur les conclufions de M. le Procureur Général, qui donne acte à M. l'Avocat Général Talon, de fa proteftation; *que les Bulles obtenuës par M. Miron, ci-devant Evêque d'Angers, de l'Archevêché de Lyon, vaquant par le décès en Cour de Rome du Cardinal de Marquemont, ne pourront nuire ni préjudicier aux*

K

droits du Roi pour n'avoir pas été expédiées sur la nomination dudit Seigneur.

L'usage présent est, que le Pape avant d'expédier ses bulles, propose au Roi la personne qu'il a dessein de nommer au bénéfice ; si le Roi refusoit son agrément, & qu'il nommât lui-même, les Parlemens & le Grand - Conseil soutiendroient sa nomination, & on n'auroit aucun égard aux oppositions que feroit celui qui seroit pourvu par la Cour de Rome.

Maxime VIII.

Bulles & provisions du Pape données au préjudice du droit des Patrons Laïcs, sont nulles & abusives.

Le sentiment des Canonistes est unanime sur cette question, il est fondé sur le trentiéme article des Libertés de l'Egl. Gallicane. » Le Pape ne peut déroger ni » préjudicier par provisions bénéficiales » ou autrement aux fondations Laïcales « & droits des Patrons Laïcs de ce royau- » me.

Collatio beneficii Patronati facta spreto Patrono nulla est, aut venit annullanda nam, vel à Papâ, vel ejus legato beneficium datur, vel ab ordinario ; si à Papâ vel legato

collatio fiat aut in supplicatione Jus Patro-
natus fuit expressum aut non ; si non sit ex-
pressum , rescriptum collationis est obreptitium ,
nam illa qualitas est exprimenda , sive benefi-
cium vacet per cessum sive per decessum , &
illud vitium non purgatur consensu patroni :
si vero jus patronatus in supplicatione fuerit
expressum, distinguitur: aut tale jus est Laïcale
& Papa ei derogare non potest , nam jus illud
aliquatenus est temporale in bonis privatorum
de quibus Papa non potest disponere , & si
deroget , ab executione rescripti appellare licet
tamq uam ab abus. (a)

Ainsi les provisions & rescrits de Cour
de Rome , dans lesquels le consentement du Patron n'est pas exprimé, sont
nuls.

Le Pape pourroit cependant conférer
des bénéfices de cette qualité, avec la
clause, *dummodo consensus patroni accedat ;*
cette condition empêcheroit la dérogation au droit du Patron Laïc, & les provisions auroient leur effet, si le consentement sous la condition duquel elles sont
données , accédoit.

Il faut encore excepter ces sortes de
bénéfices, de la réserve faite au Siége de

____

(*a*) *Pastor. de benef. l.* 1. *tit.* 19. *n.* 22. & 23.

Rome, de conferer ceux qui vaquent *in curiâ.* Le Pape, suivant nos usages & nos libertés, pourvoit à ces bénéfices, sans abus.

Ce droit est appuyé sur les anciens decrets ; le canon *Decernimus,* du Concile de Tolede, dont nous suivons scrupuleusement la discipline, réprouve toute dérogation aux droits des Patrons Laïcs.

Decernimus ut quandiù fundatores Ecclesiarum in hâc vitâ superstites extiterint pro eisdem locis curam permittantur habere sollicitam, atque rectores idoneos in eisdem beneficiis iidem ipsi offerant Episcopis ordinandos. Quod si tales forsitan non inveniantur ab eis, tunc quos Episcopus loci probaverit Deo placitos, sacris cultibus instituat, cum eorum conniventiâ servituros. Quod si spretis ejusdem fundatoribus, rectores ibidem præsumpserit Episcopus ordinare, & ordinationem suam irritam noverit esse, ad verecundiam suam alios in eorum loco, quos iidem ipsi fundatores condignos elegerint, ordinari. (a)

Enfin, dit Rebuffe : *In Franciâ non solet Papa derogare juri Patronatûs Laïcorum, nec talis derogatio de consuetudine Franciæ*

____

(a) Can. 23. c. 16. q. 7.

recipitur. (*a*) C'eſt auſſi le ſentiment de M. de Hericourt. (*b*)

Maxime IX.

Bulles ou proviſions d'un bénéfice réſigné en faveur, obtenues en Cour de Rome, ſans avoir la procuration du Réſignant, ſont nulles & abuſives.

La procuration, *ad reſignandum in favorem*, eſt tellement néceſſaire, qu'il faut qu'elle ſoit entre les mains du Procureur en Cour de Rome, avant qu'il puiſſe prendre date. Telle eſt à ce ſujet la diſpoſition de l'Edit d'Henri II. du mois de Juin 1550.

Art. 10. ” Et pour ce , que journelle-
” ment ſe font pluſieurs plaintes par nos
” ſujets, des expéditions faites en Cour
” de Rome, prétendans pluſieurs provi-
” ſions être dépêchées par réſignation
” avant que les Procureurs ayent entre
” leurs mains les procurations à réſigner,
” leſquelles expéditions ſe font du jour &
” date que les proviſions en ſont requiſes,
” combien que leſdits Procureurs n'ayent
” leſdites procurations en leurs mains,

(*a*) *L. 1. prax. benef.*
(*b*) Loix Eccl. 2. p. ch. 11.

» & ne font envoyées lefdites procura-
» tions fouventes fois qu'après le trépas
» de ceux qu'on dit avoir réfigné, qui eft
» un moyen de falfifier lefdites procu-
» rations ; & auffi lefdits réfignans après
» avoir paffés lefdites procurations, les
» retiennent par devers eux, & ne font
» envoyées que jufqu'après le trépas, &
» néanmoins fe font lefdites expéditions
» fur la date & fupplication requife def-
» dites réfignations, fans que ledit Pro-
» cureur, comme dit eft, ait reçu lefdites
» procurations.

Art. 11. » Pour à quoi obvier, & à ce
» qu'on puiffe avoir quelque connoiffan-
» ce fi lefdits Procureurs ainfi réfignans
» avoient entre leurs mains lefdites pro-
» curations, avons ordonné & ordon-
» nons que les pourvus feront apparoir
» de leur procuration duement extraite
» du regiftre du Banquier, contenant
» ledit extrait, le tems que ladite procu-
» ration aura été envoyée à Rome, &
» la réponfe que ledit Banquier aura
» reçue de fon folliciteur en Cour de
» Rome, contenant le jour & date de la
» réception d'icelle, & par qui elle lui
» aura été baillée. Laquelle réception
» iceux Banquiers feront tenus enregif-

» trer loyaument & fidélement, inconti-
» nent qu'ils auront reçu ladite réponſe,
» à tout le moins quand ils recevront les
» ſignatures & bulles deſdites proviſions :
» autrement ne ſera aucune foi adjoûtée à
» icelle, même quant à la recréance ; &
» quant à la maintenue, pourront les
» parties, c'eſt à ſçavoir celui qui voudra
» impugner la réſignation, ſoutenir &
» faire preuve qu'au tems de la date de la
» proviſion par réſignation, ledit Procu-
» reur n'étoit ſaiſi de ladite procuration,
« & le Réſignataire au contraire faire
» auſſi preuve de ſa part.

Cet édit fait une loi conſtante dans le royaume, & à laquelle le Pape ne peut déroger ; ainſi les bulles ou proviſions qu'il accorderoit au Procureur d'un Réſi-gnant, ſans que le Procureur eût entre les mains la procuration *ad reſignandum*, ſeroient nulles.

Il faut encore obſerver que ſuivant la diſpoſition de l'art. 11. de l'édit rap-porté ci-deſſus, & le 52ᵉ art. de nos Li-bertés, ſi le Procureur en Cour de Rome avoit pris date, ou avoit obtenu des pro-viſions avant d'avoir reçu la procura-tion, & qu'il en obtint de ſecondes après avoir reçu la procuration, avec expreſsion des premieres qui étoient prématurées, dans lesquelles il s'y trouvât cette clause, *cum dispensatione de vitio præterito*, ces secondes provisions seroient nulles comme les premieres, parce qu'elles prouvent un vice que le Pape ne peut réparer. *Et abusiva*, dit Fevret, *declararetur hujusmodi dispensatio tamquam contra hanc constitutionem regiam.* (a)

Maxime X.

Il y a plusieurs cas dans lesquels les provisions de bénéfices données par le Pape, au préjudice de l'indult des Cardinaux & de la régle des vingt jours, sont nulles & abusives.

En 1555. dans le Conclave de l'élection de Paul IV. les Cardinaux convinrent entre eux & promirent avec serment que le Pape futur ne pourroit déroger à la régle des vingt jours & à l'indult que Paul III. leur avoit accordé en 1536. qui leur donne le privilége de disposer *librement* des bénéfices de leur collation.

Paul IV. après son élection, ratifia le compacte par une bulle qui fut enregis-

______
(a) L. 2. ch. 3.

trée au Grand-Conseil le 13 Janvier
1558. en conséquence de lettres patentes
de Henri II. du 16 Janvier 1557.

C'est lorsque le Pape déroge à cet indult & à la Bulle de Paul IV. qu'il y a
abus dans ses collations ; pourvu toutefois que les Cardinaux ayent obtenu du
Roi des lettres patentes , & qu'ils les
ayent fait enregistrer au Grand-Conseil ,
conformément à la disposition de celles
que Louis XIV. accorda aux Cardinaux
de Rets & de Bouillon , & à d'autres le
29 Janvier 1672.

La contravention qui se trouveroit
pour lors dans les provisions du Pape
aux lettres patentes du Roi & à l'arrêt
d'enregistrement, les rendroit incontestablement nulles & abusives.

Les moyens d'abus ne seroient pas
également aisés à objecter , si on obmet-
toit l'obtention & l'enregistrement des
letttes patentes. Ceux que l'on pourroit
objecter seroient fondés sur une question peut-être indécise jusqu'à ce jour ,
& remplie de difficultés ; sçavoir, si le
Pape peut déroger aux graces accordées
par ses Prédécesseurs.

On trouve des exemples du fait. Ju-
le III. donna atteinte au privilége de l'indult, dont il est question.

MAXIME XI.

Bulles du Pape établiſſant penſion ſur les bénéfices conſiſtoriaux, ſans le brevet du Roi, ſont nulles, ainſi que les proviſions qui en établiroient ſur les bénéfices inférieurs, ſans le conſentement du Titulaire, & ſur ceux de patronage laïc, ſans le conſentement du Patron.

Art. 50. Des Libertés de l'Egl. Gall. Ne peut le Pape créer penſions ſur les bénéfices de ce royaume, ayans charge d'ame, ni ſur autres, or ès que ce fut du conſentement des Bénéficiers, ſinon conformément aux ſaints Décrets conciliaires & canoniques ſanctions, au profit des Réſignans, quand ils ont réſignés à cette charge expreſſe, ou bien pour pacifier bénéfices litigieux.

Papa nullum onus imponere poteſt ſuper beneficiis & dignitatibus regni, quocumque titulo vel nomine illud nuncupetur. Reges ſunt patroni omnium pontificalium Eccleſiarum in quorum præjudicium onus imponi non poteſt. (a)

Si beneficium ſit regiæ nominationis, ſine

(a) *Benedicti in cap. Raynutius tract. de fidei commiſſ. ſubſtit. p. 2. n. 36.*

*confensu Regis penfio gravari non potest ,
alioquin est abufus. Verum fi in litteris aposto-
licis confenfus Regis fuerit enuntiatus , &
refignatarius penfionem jam fponte folverit ,
verba enuntiativa fidem faciunt de confenfu
Regis , & refignatarius cogitur folvere aut
beneficio cedere ut ex placitis Senatûs Parifien-
fis prob. (a)*

On tient pour maxime au Palais, que
fans le *placet* du Roi, on ne peut point
créer de penfion fur les bénéfices elec-
tifs, qui font à la nomination du Roi. (b)

Penfion créée fur un bénéfice *non cure,*
étant de la collation du Roi, fans le confentement de fa Majefté, encore qu'elle
foit homologuée en Cour de Rome , eft
abufive, comme il a été jugé le 29 Juillet 1569. (c)

La penfion ne peut être non plus créée
& conftituée fur un bénéfice en patronage laïc, fi le Patron n'y confent, à moins
que la claufe *modo confentiat* , ne foit ap-
pofée au refcrit, autrement il y auroit
abus. (d)

(a) Chopin , de facra Polit. lib. 3. cap. 2. n. 11.
(b) Tournet. L. P. n. 60.
(c) Pithou Comment. fur l'art. 50. des Lib. de
l'Egl. Gall.
(d) Fevret. liv. 2. chap. 5.

La Jurifprudence du Grand-Confeil, & de tous les Parlemens du royaume, eft conforme aux fentimens de tous nos Auteurs, fur les queftions décidées dans cette maxime.

On doit dire auffi que les bulles ou les provifions de bénéfices, portant ftipulation ou claufe réfolutoire d'une réfignation, feroient également nulles & abufives.

Les canons & notre jurifprudence permettent au Réfignant de rentrer dans fon bénéfice, par la voie du regrés. Son indigence extrême, l'ingratitude du Réfignataire, fon inexactitude à payer la penfion qui feroit licitement établie fur le bénéfice réfigné, font des raifons valables. Mais on a toujours regardé les ftipulations, quelles qu'elles fuffent, comme illicites & odieufes.

Ainfi fi cette claufe fe trouvoit dans des bulles, provifions ou refcrits, *non folutá penfione refignatio pro nullá & irritá habebitur*, elles feroient déclarées nulles & abufives.

MAXIME XII.

Les bulles & provifions du Pape feroient abufives, fi elles contenoient pour claufes,

1°. la peine d'encourir l'excommunication faute de payer la penſion.

2°. La réſerve de tous les fruits.

3°. La réſerve de la collation des bénéfices, tenant même lieu de penſion.

4°. Si elles reſtreignoient & limitoient
la penſion du Réſignant à un certain tems.

5°. Si elles transferoient la penſion à
un autre après la mort du Réſignant.

La clauſe d'encourir l'excommunication, quoiqu'il paroiſſe qu'elle ne ſoit
que comminatoire, *& per modum pœnæ,*
aut in defectum ſolutionis, ſeroit un abus ;
nos uſages, nos libertés & les ordonnances du royaume annullent également ces
ſortes d'excommunications.

C'eſt là qu'il faut appliquer cette maxime de Pithou, ” que le Pape ne peut
” rien commander ni ordonner, ſoit
” en général, ou en particulier, de ce
” qui concerne les choſes temporelles,
” ès pays & terres de l'obéiſſance & ſou-
« veraineté du Roi Très-Chrétien, & s'il
” y commande ou ſtatue quelque choſe,
” les ſujets du Roi encore qu'ils fuſſent
” Clercs, ne ſont tenus de lui obéir. (*a*)
Sur la ſeconde clauſe, nous obſervons

____

(*a*) Traité des Lib. de l'Egl. Gall.

qu'il eſt contre l'ordre & la nature des bénéfices que les fruits, quoique regar-dés comme acceſſoires, ſoient totale-ment ſéparés du titre ; on juge en France l'un & l'autre indiviſibles. Ainſi les pro-viſions données ſur une procuration *ad resignandum*, qui auroient pour clauſe de laiſſer au Réſignant la jouiſſance de tous les fruits, même *loco pensionis*, ſeroient abuſives. C'eſt le ſentiment de preſque tous nos Juriſconſultes.

Resignatio, dit du Moulin, *facta sub reſervatione omnium fructuum eſt ab initio abuſiva & nulla, tamquam facta in fraudem decreti de reſervatis ſublatis.*

C'eſt auſſi la juriſprudence de tous les Parlemens du royaume, on trouve, *parte* *7ª. ſtili Parlamenti*, un Arrêt qui ſem-ble ſervir de baſe à la diſpoſition de ceux qui ont été rendus depuis ſur cette matiere : il porte,

Fuit inhibitum omnibus perſonis cujuſcumque conditionis vel ſtatûs, ne de cætero impetrarent bullas vel proviſiones apoſtolicas continentes reſervationem omnium fructuum tamquam contravenientes decretis, ordinationibus Re-giis & pragmaticæ ſanctioni.

Sur la troiſiéme clauſe, nous obſer-vons qu'il eſt de principe que la collation ne puiffe être détachée du titre du bénéfice dont elle dépend ; c'eft chofe, dit Brodeau fur Louet, qui femble réfifter au fens commun, que le titre de la dignité épifcopale, par exemple, étant entiérement effacé, au moyen de la réfignation effectuée de l'Evêque, le Refignant puiffe conférer les bénéfices, foit fimples ou autres ; vû que la collation des bénéfices, eft inféparablement attachée à la fonction & jurifdiction ordinaire de l'Evêque. *(a)*

Cette maxime étant générale pour toutes fortes de bénéfices, il fuit que les bulles ou provifions, avec telle claufe de réferve, feroient nulles & abufives.

Ceci ne fouffre aucune difficulté dans quelques cas que ce foit, pour les bénéfices inférieurs. Il n'y a point d'Auteurs qui donnent d'exemple d'une pareille referve, elle eft totalement inufitée, on la taxeroit avec raifon de nouveauté. L'abus feroit certain.

Il pourroit y avoir une exception pour les bénéfices confiftoriaux. La réferve de la collation feroit tolerée, fi les deux puiffances y concouroient. La prétention que

_____
(a) Lettre P. n. 33.

Brodeau, à l'endroit cité plus haut, dit que les Cardinaux foutiennent à cet égard; eft fans fondement. Il eft certain que l'on n'y a point d'égard en France, ils font affujettis à la régle générale. S'il s'en eft trouvé qui ayent joui de la réferve; leurs bulles avoient été obtenues fur l'agrément du Roi.

Sur la quatriéme claufe, il faut obfer-que cette maxime eft tirée de Fevret, *(a)* qui pour la prouver dit, *que fi la penfion étoit reftreinte & limitée à certaines années, elle feroit rejettée, comme reffentant en ce cas quelque chofe de la fimonie.* Ce vice rendroit le refcrit qui la conftitueroit, abufif; par conféquent la penfion, fuivant Fevret, doit fe conftituer pour la vie du Refi-gnant.

Cette maxime demande d'être déve-loppée; elle renferme plufieurs difficultés que Fevret n'a pas mife dans un affez grand jour; la preuve que cet Auteur en donne, ne paroît pas non plus ni affez jufte, ni d'une affez grande précifion.

Il faut obferver, 1°. que dans la pri-mitive Eglife, on ne connoiffoit point l'ufage des penfions. Les anciens canons

(*a*) Liv. 2. ch. 5.

défendent

défendent la diftraction & la divifion des bénéfices, (*a*) & on les fuivoit avec fcrupule.

2°. L'Eglife ne s'eft relâchée de la rigueur de fa difcipline fur cet article, qu'en faveur des Titulaires feulement, aufquels elle a accordé une réferve modique fur les fruits des bénéfices qu'ils quittoient lorfque leur grand âge & leurs infirmités ne leur permettoient plus de les deffervir. Le Concile de Calcédoine nous en fournit le premier exemple ; Domnus Evêque d'Antioche, ayant repréfenté dans ce Concile que fa vieilleffe & fes infirmités l'empêcheroient à l'avenir de continuer fes travaux dans l'épifcopat, pria les Peres affembés d'accepter la démiffion de fon Siége & d'y nommer. Le Concile reçut la démiffion de Domnus, & ayant égard à ce qu'il ne lui reftoit pas de quoi vivre, il lui affigna une penfion alimentaire fur les revenus de l'Evêché qu'il quittoit.

Nous laiffons au Lecteur la liberté de faire telle réflexion qu'il jugera à propos fur la différence de l'ancien ufage, d'avec celui des derniers tems, touchant les penfions.

(*a*) *Can. fi Monachus.* 22°. *c.* 16. *q.* 1.

Pour entendre donc le sens naturel de la maxime de Fevret, il faut établir pour principe , que suivant nos libertés & notre droit , le Pape est collateur forcé dans les résignations , comme dans toutes les autres impétrations de bénéfices qui se font pour la France. Il est obligé de conférer le bénéfice au Résignataire, suivant les clauses, *nec alias*, *nec aliter*, *nec alio modo* , de la procuration , lorsqu'elles ne sont pas contraires aux canons ; & ces clauses étant énoncées dans la procuration , comme condition sans laquelle la résignation n'auroit pas lieu, elles forcent le Pape à suivre l'intention du Résignant.

Ainsi , le Resignant se réservant par sa procuration une pension annuelle & pour le tems de sa vie , sur le bénéfice qu'il résigne , le Pape ne peut pas , admettant la résignation , ne pas admette la pension ; c'est dans ce cas , que le rescrit qui restreindroit la pension & qui la limiteroit à un tems , seroit abusif.

Mais au contraire, il n'y auroit point d'abus dans le rescrit qui établiroit pour certaines années une pension, si le Résignant dans sa procuration ne la demandoit que pour ce même nombre d'années.

Nous ne trouvons dans cette clauſe rien
de plus contraire à la diſpoſition des anciens canons, que dans celle qui demande la penſion pour toujours; les penſions
même en général, à quelque titre qu'elles ſoient établies ſur les bénéfices, n'é-
tant qu'une eſpece d'infraction aux canons, il ſemble que plûtôt elles ſont
éteintes, plûtôt on rentre dans les régles
du droit.

Quant à la preuve que Fevret donne
de ſa maxime, tirée du ſoupçon du vice
de ſimonie, il nous paroît que l'on ne
doit avoir aucun égard à cette raiſon ;
pourquoi y auroit-il de la ſimonie de la
part d'un Réſignant, à demander une
penſion pour dix ans ſeulement, tandis
qu'il n'y en auroit pas pour celui qui la
demanderoit pour tout le tems de ſa vie ?
Les circonſtances ſeules, & l'intention
du Réſignant, pourroient dans l'un ou
l'autre de ces cas, ſouiller du vice de
la ſimonie la réſerve de la penſion.

La cinquiéme clauſe eſt un article de
nos Libertés. » Sa Sainteté ne peut per-
» mettre que celui qui a penſion créée ſur
» un bénéfice, la puiſſe transferer en un
» autre perſonne, quoique ce fut du con-
» ſentement des parties. «

Le refcrit que le Pape donneroit d'une femblable tranflation, feroit inconteftablement déclaré nul. *In regno Franciæ, dit Rebuffe, penfionem morte extingui, nec poffe in aliam perfonam transferri de confuetudine regni.* (*a*) Le fentiment des Canoniftes eft unanime fur cette queftion.

Maxime XIII.

Mandats, & toutes graces expectatives, de la Cour de Rome, font nuls & abufifs.

Le droit qu'ont les Ordinaires de pourvoir aux bénéfices à charge d'ame dans leur Diocèfe, & celui qu'a le Roi de nommer aux grands bénéfices de fon royaume & aux principales dignités, font des droits auxquels ceux du Pape n'auroient jamais dû porter aucun préjudice. Sans les differens fchifmes & les fauffes decrétales qui ont occafionné tant de défordres dans la difcipline de l'Eglife, les Papes, quelque envie qu'ils en euffent eu, n'auroient pas ofé attribuer à leur Siége le droit de nommer à prefque tous les bénéfices du monde Chrétien; celui de furinten-

____

(*a*) *In praxi benef. tit. de referv.*

dance & de furveillance qu'ils ont fur la difcipline de l'Eglife, ne s'étend effentiellement qu'à approuver, qu'à propofer les moyens de réforme, qu'à avertir des negligences qui fe commettent, &c. & non pas à prévenir les Evêques dans l'exercice de leur miniftere, dont la collation des bénéfices, eft la partie la plus effentielle. ni à priver les Laïcs des collations que l'Eglife leur a accordé pour être une récompenfe de leur pieté.

Le Concile de Trente. affemblé pour reformer les abus, a corrigé celui des mandats & des graces expectatives.

Decernit fancta Synodus, mandata de providendo & gratias quæ expectativæ dicuntur, nemini amplius, etiam Collegiis, univerfitatibus, fenatibus, & aliis fingularibus perfonis, etiam fub nomine indulti aut ad certam fummam, vel alioquovis colore concedi. feff. 24. cap. 19°.

Ce decret a aboli les articles de la Pragmatique & du Concordat qui toleroient encore l'ufage de ces mandats. Le Pape par cette raifon ne pourroit s'en prévaloir ; il eft d'ailleurs cenfé avoir renoncé à un droit qu'il a laiffé tomber avec connoiffance de caufe en défuétude.

.Avant ce décret du Concile de Trente,

l'Ordonnance de Louis XII. de 1510. &
la Déclaration de François I. de 1527.
avoient proscrits les mandats & les graces expectatives de Rome.

Maxime XIV.

Bulles ou provisions par lesquelles le
Pape confere comme bénéfice ce qui
n'en a pas le titre, sont nulles.

Il est de principe que le Pape ne peut
en France, de son autorité, changer le
titre des fondations laïcales, & faire bénéfice, ce qui n'est d'origine que pure
administration, commission simple, temporelle & révocable *ad nutum*.

Telles sont certaines Vicaireries dans
des Collégiales, des Chapellenies dans
des Hôpitaux, les Principautés des Colléges, les Bourses fondées dans ces Colléges ; quoique toutes ces places soient
affectées aux Ecclésiastiques, le Pape ne
peut les conférer en aucune maniere.

L'article 61. de nos Libertés porte,
que le Pape ne peut conférer Hôpitaux
ou Léproseries en ce royaume, & que
la régle *de pacificis*, ne peut avoir lieu.

Il faut étendre cette maxime aux Com-
manderies de Malthe & de S. Lazare.

Præfecturas, dit Chopin, *Collegiorum scholasticorum & bursas non esse Pontificiæ collationi obnoxias ; quia beneficiis ecclesiasticis non adnumerantur*.... *atque ideo senatus in hujusmodi causis pronuntiare consuevit , recte esse ab executione apostolici rescripti provocatum ab abusu.* (a)

(a) Polit. sac. l. 1. cap. 5°. n. 15.

CHAPITRE V.

Des cas d'abus dans l'exercice de la Jurisdiction des Officiers du Pape sur les Sujets du Roi, & dans l'exercice de celle des Juges délégués in Partibus.

MAXIME I.

L'AUTORITE' des Rois de France sur le temporel de leur Royaume est suprême. *Suprema Jurisdictio est forma & substantialis essentia Majestatis Regiæ tàm inseparabilis à Coronâ quàm essentia rei ab ipsâ re.* (a) Toutes les Jurisdictions ou dérivent, ou sont exercées sous l'autorité, ou de l'aveu de notre Monarque dans ses Etats. Ses édits, ses ordonnances, ses déclarations, sont des loix qui émanent de son propre mouvement, & ce sont des loix irréfragables pour tous les lieux qui lui sont soumis. Seul assis sur le trône, il n'en partage point la puis-

______

(a) Dumoulin, sur la Coutume de Paris, tit. 1. §. 3. sur le mot *Feauté*, n. 15.

fance, elle réside toute entiere dans son augufte Perfonne.

De ces maximes évidentes, il réfulte que les Papes, les Empereurs, non plus que d'autres Puiffances, ne peuvent par eux-mêmes, ni par leurs Officiers, faire aucun acte de Jurifdiction dans ce royaume, fi ce n'eft fous l'autorité du Roi, & de fon agrément.

Auffi les Légats du Pape & fes Nonces ne font envoyés en France, qu'après que Sa Sainteté s'eft affurée qu'ils font agréables au Roi. Leurs bulles de Légation, leurs pouvoirs font vûs & examinés par la Cour de Parlement, reftreints, limités, & modifiés comme il plaît au Roi, & conformément à nos ufages & à nos libertés ; & ce n'eft qu'en vertu de lettres patentes, qui doivent être dûement enregiftrées, qu'ils peuvent faire ufage des pouvoirs dont on leur a laiffé l'exercice.

Promeffes d'un Légat *à Latere*, de ne rien faire en France contre les droits du Roi.

» ALAIN, par la grace de Dieu, Cardinal de l'Eglife de Rome, au titre de » Sainte Praxede, le Cardinal d'Avignon vulgairement appellé ; A tous » ceux qui ces préfentes Lettres verront,

» Salut en Notre Seigneur. Comme nous
» avons été & foyons envoyé par notre
» faint Pere le Pape Calixte III. Légat *à*
» *Latere*, au royaume de France, & en
» toute la Nation Gallicane, & autres
» contrées jufqu'au Rhein, & foit ainfi
» que très-haut, & très-puiffant, & très-
» chrétien Roi mon fouverain Seigneur,
» le Roi de France, ait envoyé vénérable
» · & difcrette perfonne, M. Jean Baflart,
» fon Confeiller, & Chantre de l'Eglife
» de Paris, pardevers nous en cette ville
» d'Avignon, par lequel nous ait mandé
» & fait fçavoir, *que pour ce que le Roi a*
» *droit de non avoir ou recevoir Légat Apofto-*
» *lique en fon Royaume, & que aucun Car-*
» *dinal ou autre, ne doit venir vers lui en*
» *forme & maniere de Légat* à Latere, *exer-*
» *cer ne ufer de puiffance & authorité de Légat,*
» *& que le Roi & fes Prédéceffeurs ont tou-*
» *jours jouis & ufés dudit droit.* Le Roi ne
» entend pas que nous foyons Légat en
» fon royaume, ni y entryons ou ufions
» comme Légat, ne que doyons ou puif-
» fions ufer en aucune maniere de puif-
» fance & autorité de Légat touchant
» jurifdiction, collation de bénéfices ne
» autrement, en quelque maniere que ce
» foit : mais que pour certaines caufes &

» considérations qui à ce l'ont meu &
» meuvent, son bon plaisir estoit & est,
» que nous allions pardevers lui, & fas-
» sions porter notre Croix devant nous
» par-tout où nous serons en sondit
» royaume, & que ès lettres que nous
» ferons nous nommerons Légat *à La-*
» *tere* «

» Sçavoir faisons , que nous ayans
» considération à ce que dit est, voulons
» & accordons & sommes contens, que
» notre entrée & vûe audit royaume de
» France , & portement de Croix devant
» nous en icelui royaume, & autres en-
» seignemens de Légat, ainsi que le bon
» plaisir du Roi a été nous permettre, &
» aussi le nom de Légat *à Latere* duquel
» nous nous nommons & usons en nos
» lettres , soit tout sans préjudice des
» droits du Roi, & du royaume, & de
» ses Successeurs à l'advenir, & promet-
» tons que nous ne userons, ne ferons
» chose qui appartienne à Légat, ne à
» puissance & autorité de Légat *à Latere*
» audit royaume de France ; mais si nous
» usons d'aucunes puissances particulie-
» res ou spéciales à nous données, ac-
» cordées & concédées par notre saint
» Pere le Pape, nous voulons & som-

» mes contens que ce soit sans préjudice
» des droits du Roi & de sondit royau-
» me, comme dessus : & n'entendons pas
» que ce soit sous & par le moyen de la
» puissance de Légat *à Latere*, & n'en
» userons d'aucunes qui soient contraires
» ne préjudiciables à la Pragmatique
» Sanction ; & si dès maintenant comme
» pour lors, voulons que tout soit nul,
» cassé, & non valable. En témoins des-
» quelles choses susdites, & afin qu'elles
» aient plus grande fermeté, nous avons
» octroyé & fait faire ces Lettres, &
» icelles signées de notre main, & fait
» sceller de notre scel audit lieu d'Avi-
» gnon, le premier jour de Janvier, l'an
» 1456. *Signé*, A. Cardinal d'Avignon.«

L'Evêque de Modene, Légat en 1476.
donna une déclaration pareille à celle-ci,
& le Roi en conséquence lui fit expédier
des lettres patentes par lesquelles il lui
permet d'exercer sa Légation, conformément aux restrictions & modifications
mises à ses facultés, & pour cette fois
seulement, & sans préjudicier à ses droits,
aux usages & libertés de son Eglise.

Promesse du Cardinal d'Amboise,
Légat en France, datée du dernier Mars
1503.

» Nous Georges, Cardinal d'Amboife,
» Légat en France, promettons au Roi
» notre fouverain Seigneur, que nous ne
» uferons de ladite Légation, finon tant
» qu'il lui plaira, &c. Témoin notre fcel
» & feing manuel cy mis. «

Les bulles de Légation du Cardinal de Clermont, Légat d'Avignon, envoyé en 1514. furent vûes, examinées, & on y mit des modifications à fes pouvoirs femblables aux précédentes fur les pouvoirs des autres Légats.

Le Cardinal Louis de Canofa n'ufa des pouvoirs de fa Légation en France, qu'en vertu de lettres patentes données par François I. datées de 1514.

Le Parlement de Paris ordonna par arrêt en 1547. que les facultés du Cardinal de faint Georges au Voile d'or, feroient examinées & modifiées conformément aux ufages, aux loix du royaume, & aux libertés de l'Eglife Gallicane.

Les Légats & Vice-Légats d'Avignon, promettent ordinairement par acte, de ne point ufer en vertu de leur Légation, de la Jurifdiction temporelle en Dauphiné, & autres pays de l'obéiffance du Roi où s'étendent les pouvoirs de leur Légation.

M. le Bret dit que les Rois de France font fi fouverains dans leur royaume, que quand le Pape envoie des Légats en France, ils féjournent à Lyon fans paffer outre, jufqu'à ce que la Cour du Parlement de Paris ait vû leurs facultés & leurs inftructions, afin d'en retrancher ce qui eft contraire à l'autorité du Roi, & aux libertés des Eglifes de France. (*a*)

Telles font les modifications que le Parlement de Paris met ordinairement aux bulles des Légats.

» Que le Légat ne pourra en vertu de » fes bulles, exercer aucune Jurifdiction » dans le royaume, même du confente- » ment des parties, non pas même fur » ceux qui, comme étant immédiate- » ment fujets au Siége de Rome, font » exempts de la jurifdiction des Ordinai- » res; mais il fera obligé de leur donner » des Juges fur les lieux, qui prendront » connoiffance de l'affaire, & la régle- » ront. «

» Que les lettres de légitimation qu'il » fera expédier pour des bâtards, ne » pourront fervir qu'à les rendre capa- » bles d'être admis aux Ordres, & fans

(*a*) Traité de la Souveraineté du Roi, ch. 7. liv. 4.

» préjudice des Chapitres & des Colléges
» qui ne reçoivent point de bâtards, &
» que ces légitimés ne pourront avoir
» part aux successions, ni être admis aux
» Offices civils. «

» Qu'il ne pourra incorporer des bé-
» néfices, mais seulement nommer des
» Juges, suivant les décrets du Concile
» de Constance. «

» Qu'il ne pourra dispenser des années
» que sont obligés d'employer aux étu-
» des, ceux qui à cause de leur qualité,
» peuvent être nommés aux bénéfices. «

» Qu'il ne chargera point les bénéfi-
» ces ni les prébendes de pensions, mê-
» me du consentement de ceux qui les
» possédent, si ce n'est au profit de celui
» qui les résigne, ou bien pour prévenir
» les procès. «

» Qu'il ne pourra permettre que ceux
» qui possédent des bénéfices en aliénent
» les terres ou les rentes, sous quelque
» titre, ou sous quelque prétexte que ce
» puisse être, quand même ces bénéfices
» ne seroient pas dépendans d'aucune
» Jurisdiction du royaume, & qu'ils se-
» roient immédiatement sujets du Pape;
» auquel cas il sera tenu de nommer des
» Juges dans le royaume, qui y pour-

« voient ainſi que de raiſon. »

« Qu'il ne pourra donner les Abbayes
» tant d'hommes que de femmes en Com-
» mande, ſans la nomination du Roi
» qui en a le pouvoir en vertu du Con-
» cordat. »

« Qu'il ne diſpoſera point des bénéfi-
» ces vacans au préjudice de l'Indult ac-
» cordé par le Roi aux Conſeillers du
« Parlement. »

« Qu'il n'exercera point de Juriſdic-
» tion entre les ſujets du Roi pour fauſſe-
» té, uſure, ni divorce, touchant la reſti-
» tution de la dot, ou pour des biens in-
» juſtement acquis par des contrats illé-
» gitimes ou illicites. »

« Qu'il ne prendra point connoiſſance
» du crime d'héréſie, lorſque le repos
» public s'y trouvera intéreſſé, & qu'il ne
» ſera queſtion que du fait ; parce qu'il
» n'appartient qu'aux Juges royaux ; &
» qu'en ce cas-là il ne pourra abſoudre
» les ſujets du Roi, ſinon à l'égard de la
» conſcience & de la pénitence canoni-
» que. »

« Qu'il ne pourra donner diſpenſe aux
» Bénéficiers & aux Religieux de teſter au
» préjudice des coutumes du royaume,
» des édits du Roi, & des arrêts du Parle-
» ment. »   » Qu'il

» Qu'il ne pourra donner dispense au
» préjudice des louables coutumes &
» priviléges des Eglises Cathédrales &
» Collégiales, ni contre les priviléges
» accordés aux Rois par le Pape. «

» Qu'il ne pourra donner à une même
» personne plusieurs bénéfices dans une
» même Eglise. «

» Ni donner aux Exécuteurs testa-
» mentaires du tems au-delà de celui qui
» est réglé par les loix. «

» Qu'il ne convertira point les legs
» pieux en d'autres usages contre l'inten-
» tion du testateur, si ce n'est que la vo-
» lonté du défunt ne puisse pas être ac-
» complie, & pourvu qu'on les employe
» à des usages conformes à sa volonté. «

» Qu'il ne fera rien contre la régle *de*
» *verisimili notitiâ & publicandis resignatio-*
» *nibus* «

» Qu'il ne composera point des fruits
» perçus par ceux qui se seront mis en
» possession des bénéfices sous juste ti-
» tre, ni ne les leur accordera point, parce
» qu'ils doivent être restitués aux Eglises
» à qui ils appartiennent. «

» Qu'il n'ordonnera point qu'en la
» collation des bénéfices, on ait égard
» seulement à ses lettres, sans la produc-

» tion des procurations en vertu def-
» quelles les bénéfices auront été réfi-
» gnés ; qu'en fes lettres, il n'emploira
» pas la claufe *anteferri* , ni de fembla-
» bles, au préjudice du droit acquis à
» autrui. «

» Qu'il ne pourra évoquer à lui les
» caufes Ecclésiastiques , ni en prendre
» connoissance au préjudice du chapitre
» *de Caufis* du Concordat, ni ufer de fé-
» queftration. «

» Qu'il ne connoîtra point de crimes
» qui ne feront pas purement Ecclésiasti-
» ques, quand même ils feroient mix-
» tes , commis contre des Laïcs, mais
» feulement contre des Gens d'Eglife ; &
» même dans les crimes purement ecclé-
» fiaftiques, il ne pourra condamner les
» Laïcs à des amendes pécuniaires, mais
» feulement les Ecclésiaftiques à des au-
» mônes , & ce fuivant les canons, &
» pourvu que ce foit fans préjudicier aux
» decrets inférés dans le Droit Canon. «

» Qu'il ne pourra faire expédier des
» lettres de reftitution , ni de refcifion
» de contrats. «

» Qu'il ne pourra prendre connoissan-
» ce des actions réelles , dont les con-
» trats auront été passés entre des Laïcs,

» ou bien entre des Ecclésiastiques par-
» devant des Notaires royaux. «

» Qu'il ne pourra réhabiliter des Laïcs
» notés d'infamie, mais seulement des
» Ecclésiastiques à l'égard de leurs fonc-
» tions, & de l'exercice de leur Ordre. «

» Qu'il ne permettra pas que ceux qui
» ont résigné des bénéfices cédent à
» d'autres les pensions qu'ils se sont ré-
» servé. «

» Que la disposition des bénéfices qui
» sont à sa collation, en qualité de Légat,
» cessera après qu'il sera sorti du royau-
» me, & que devant d'en sortir il laissera
» les actes de sa Légation. «

» Enfin, qu'il ne fera rien qui puisse
» préjudicier aux saints Canons, aux
» Concordats faits entre les Rois & les
» Papes, aux Conciles œcuméniques,
» aux droits, immunités & priviléges de
» l'Eglise Gallicane, aux Universités, &
» aux autres Ecoles publiques, dont il
» passera acte de sa main. « (*a*)

Ainsi les Officiers du Pape, soit Légats, Vice-Légats, ou autres, doivent
dans tous les actes de la Jurisdiction

(*a*) Dans Wicfort, Traité des Ambassadeurs
& de leurs fonctions ; & dans le Continuateur de
M. de Fleury, Hist. Eccl. tom. 29. liv. 144. n. 57.

qu'ils exercent dans le royaume sur les sujets du Roi, se conformer aux canons reçus par l'Eglise Gallicane, à ses libertés, à ses usages, aux réglemens, aux édits, aux déclarations suivant lesquelles leurs pouvoirs sont réglés, & toutes les fois qu'ils s'en écartent, il y a dans ces cas abus.

C'est pourquoi les Légats, ou les Nonces du Pape, ne peuvent faire aucun acte de Jurisdiction dans ce royaume avec police, sans la permission expresse du Roi. Ils ne peuvent publier aucunes bulles, brefs, ou decrets de Cour de Rome, faire imprimer des mandemens en conséquence, sans avoir auparavant obtenu des lettres patentes, & les avoir fait enregistrer. S'ils le faisoient, il y auroit abus.

Ces Officiers du Pape ne peuvent non plus en France, quelque étendus que soient leurs pouvoirs, faire aucune union de bénéfice à leur tribunal, quand même cette faculté seroit spécialement exprimée dans leurs bulles de Légation, ou autres facultés ; le decret qu'ils rendroient seroit nul & abusif. Ils peuvent seulement, & conformément aux arrêts de vérification de leurs bulles & pouvoirs, qui font invariables fur ce point, donner un refcrit délégatoire *in partibus* pour y procéder, felon la forme prefcrite par le Concile de Conftance.

Mais encore faut-il, fuivant les loix de l'Etat, que ce refcrit délégatoire foit adreffé à un naturel, ou naturalifé François, qui foit conftiué en dignité, conformément à la Décrétale de Boniface VIII. *Sancimus igitur, ut nullis, nifi dignitate præditis, aut perfonatum obtinentibus, feu Ecclefiarum Cathedralium Canonicis, caufæ auctoritate litterarum Sedis Apoftolicæ, vel Legatorum ejufdem de cætero committantur.* (*a* Et qui foit, fuivant Fevret, (*b*) réfident dans le Diocèfe & dans le reffort du Parlement du lieu dans lequel la commiffion eft adreffée.

M. de Héricourt cependant fondé fur un arrêt du Parlement de Paris, rapporté par Bardet, penfe que le défaut de réfidence dans le Diocèfe ne feroit pas un moyen d'abus ; il paroît auffi, fuivant la remarque de cet Auteur, que c'eft la jurifprudence du Grand Confeil, qui n'exigeroit même pas que le Juge

___

(*a*) *Cap. Statutum* XI. *de refcrip. in Sexto.* reçu en France à cet égard.

(*b*) Liv. 2. Chap. 4.

délégué, fut domicilié dans le reſſort du Parlement où eſt adreſſée ſa commiſſion, parce que la Juriſdiction du Grand Conſeil s'étend ſur tout le royaume. (*a*)

MAXIME II.

Il y a abus, ſi le Légat, & même le Pape, n'adreſſent dans les reſcrits aux proviſions de bénéfices *in formâ dignum*, la commiſſion à l'Evêque, ou à ſon grand Vicaire, pour donner le *viſa* à l'impétrant.

Il eſt du miniſtere de l'Evêque de veiller aux néceſſités ſpirituelles du peuple qui lui eſt confié ; & comme ſes ſoins ne peuvent s'étendre à chaque fidéle de ſon Diocèſe, il eſt obligé de s'aſſocier des Miniſtres qui gouvernent avec lui. Les uns ne ſont établis que par commiſſion, & deſtituables à ſon gré, comme ſes Vicaires généraux ; d'autres ſont en titre : mais il eſt inconteſtable que ſi le choix des uns & des autres ne lui eſt pas laiſſé, il doit au moins juger des qualités de ceux qui lui ſont préſentés.

C'eſt la diſpoſition du dix-huitiéme

____

(*a*) Loix Eccleſ. premiere partie, ch. 9. max. 2.

Chapitre de la Session 24 du Concile de Trente, *de Reformatione*. C'est celle aussi de l'article 3 de l'édit de 1695.

Ainsi, les rescrits collatifs de la Cour de Rome, *in formâ dignum*, & même ceux des bénéfices à charge d'ame, *in formâ gratiosâ*, ne peuvent sans abus, être adressés à d'autres qu'à l'Evêque Diocèsain, parce que c'est à l'Evêque Diocèsain à qui il appartient de droit de juger de la capacité du pourvu, condition sous laquelle le rescrit est accordé.

Enfin, il est de principe que l'Evêque doit juger & décider des qualités de ceux qui travaillent au gouvernement de son Diocèse, de ceux qui sont chargés sous ses ordres de la conduite des ames, de ceux qui doivent remplir les bénéfices. *Nullus Episcoporum Parochianum præsumat retinere aut ordinare, vel judicare absque proprii Episcopi voluntate quia sicut irrita erit ejus ordinatio, ita & judicium ; quoniam censemus nullum alterius judicis, nisi sui, sententiâ teneri ; nam qui eum ordinare non potuit, nec judicare ullatenus poterit.* (a)

____

(a) *Ex Capitular. l.* 1°. *cap.* 308. *tom.* 1°.

M iiij

Maxime III.

Les refcrits délégatoires donnés par le Pape, ou par fes Légats, aux Juges délégués *in partibus*, font abufifs s'ils contiennent quelque réferve.

Les fujets du Roi ne font point tenus de répondre à aucun Tribunal hors du royaume ; c'eft un principe établi par nos plus anciens Jurifconfultes, fondé fur les loix du royaume, fur le droit ancien, & fur nos libertés. Enfin, ce font nos ufages avoués & reconnus, même par la Cour de Rome.

Bulle du Pape Urbain V. de 1337. dans laquelle il déclare que perfonne ne peut citer en jugement aucun fujet du Roi hors du royaume. (*a*)

Délibération du Confeil du Roi & du Parlement, en date du 25 de Février 1417. par laquelle il eft arrêté que l'on procédera contre ceux qui appelleront des ordonnances du Roi, ou de fes Officiers, à la Cour de Rome, comme criminels de Leze-Majefté. (*b*)

(*a*) Preuves des libertés de l'Eglife Gallicane, ch. 9.

(*b*) *Idem. Ibidem.*

Arrêt du Parlement de Paris du 4 Mai 1485. par lequel eſt ordonné que l'Abbé de Saint Jean d'Angeli ſera abſous proviſoirement d'une excommunication lancée contre lui, & qu'à ce faire le Cardinal d'Angers & l'Evêque d'Alby, ſeront contraints par ſaiſie de leur temporel ; & eſt défendu auſdits Cardinal & Evêque de citer ledit Abbé en Cour de Rome, & ailleurs qu'en ladite Cour, à peine de cent marcs d'argent. (*a*)

Appel comme d'abus interjetté par l'Evêque d'Uzès, d'une procédure extraordinaire faite à Rome contre lui en 1566. (*b*)

Autre appel comme d'abus interjetté en 1567. par l'Evêque de Valence, de la publication & fulmination de certaines procédures faites contre lui à Rome. (*c*)

C'eſt un article du Concordat de François I. & de Leon X. Le Pape par conſéquent, ou ſes Légats, étant obligés de déléguer des Juges dans le royaume pour connoître des cauſes dont l'appel leur eſt

______

(*a*) Preuves des libertés de l'Egliſe Gallicane, chap. 9.

(*b*) *Idem. Ibid.*

(*c*) *Idem. Ibid.*

dévolu, ils doivent donner plein pouvoir dans leurs refcrits délégatoires, de juger, terminer, & finir la caufe.

Il eft dit au titre X. du Concordat, *de Caufis. Statuimufque ordinamus quod.... omnes & fingulæ caufæ, exceptis majoribus in jure expreffè denominatis, apud illos Judices in partibus, qui de jure, aut confuetudine præfcriptâ, vel privilegio, illarum cognitionem habent, terminari & finiri debeant.*

Il y auroit donc abus dans le refcrit, fi cette claufe, comme dit Fevret, *ufque ad diffinitivam fententiam exclufivè*, y étoit inférée ; le refcrit qui donne pouvoir d'informer & d'inftruire, doit donner celui de juger. *(a)*

Suivant l'ancienne Jurifprudence, il y auroit encore abus dans l'exécution de ces refcrits, parce qu'ils portent toujours, *autoritate Apoftolicâ ;* auffi l'impétrant avant l'exécution étoit obligé de fignifier à fa partie, qu'il ne prétendoit s'en fervir & agir que *autoritate Ordinariâ.*

Les Jurifconfultes modernes prétendent que cette claufe n'eft regardée aujourd'hui dans nos Parlemens que com-

(a) Liv. 4. ch. 2.

me de ſtyle, qu'on n'y a aucun égard ; & partant qu'il n eſt pas abſolument néceſſaire de faire cette déclaration par acte judiciaire, ni autrement, comme l'exigent Pithou, (*a*) Fevret, Dumoulin, & d'autres de ce tems.

Maxime IV.

Les reſcrits délégatoires donnés par le Pape, ou par ſes Officiers, pour juger en premiere inſtance & ſans appel, ſont abuſifs.

Les Cours ſouveraines en France, ont ſeules le droit d'évoquer les cauſes qui ſont de leur reſſort, afin d'épargner aux parties, ſuivant l'eſprit de la loi, les frais des longues procédures qu'entraînent les degrés de Juriſdiction.

Il n'en peut être de même des Juges Eccléſiaſtiques, on doit épuiſer toutes les Juriſdictions. Ce ſont nos uſages & nos libertés fondées ſur la diſcipline des anciens canons. (*b*)

Le titre onziéme du Concordat, *de Frivolis appellationibus*, ne permet pas,

(*a*) Comment. ſur les Lib. de l'Egl. Gall. art. 44.
(*b*) *Can. Nullus* 7°. *C* .9 .*q.* 3. *Can. Conqueſtus* 8°. *ejuſd. & ibid.*

même au Pape, d'évoquer aucune inftance, quelque grave qu'elle foit, avant qu'elle ait paffé par les degrés d'appel.

Volumus quod ſi quis offenſus coram ſuo judice juſtitiæ complementum habere non poſſit, ad immediatum ſuperiorem per appellationem recurſum habeat, nec ad aliquem ſuperiorem etiam ad nos & ſucceſſores noſtros, vel ſedem prædictam, omiſſo medio, nec à gravamine in quâcumque inſtantiâ ante diffinitivam ſententiam quomodolibet appelletur. (a)

Ainſi, les refcrits délégatoires du Pape, ou de ſon Légat, donnés à des Juges *in partibus*, feroient également abufifs s'ils étoient à fin de juger en premiere inftance, ou par évocation & fans appel.

Les Ultramontains prétendent que l'évocation auroit lieu, ſi le refcrit étoit ſigné de la main du Pape, & ſi la cauſe étoit grave & urgente ; il eſt vrai, c'eſt la diſpoſition du vingtiéme Chapitre de la vingt-quatriéme Seſſion du Concile de Trente ; mais cette difcipline n'a point été reçue dans le royaume.

(a) 5°. *Et ne.*

CHAPITRE VI.

Des cas d'Abus dans l'exercice de la Jurisdiction volontaire & gracieuse des Ordinaires, de leurs Grands Vicaires, & des Archidiacres.

MAXIME I.

LA Jurisdiction volontaire & gracieuse des Ministres de l'Eglise ne s'exerce que sur des choses spirituelles, comme celles qui concernent la foi, les Sacremens, la validité des vœux, la collation, les provisions de bénéfices, les dispenses, &c.

L'Eglise exerce sur toutes ces choses une Jurisdiction, *jure suo*, & nous avons établi pour maxime qu'elle avoit reçu de Jesus-Christ immédiatement, toute l'autorité nécessaire pour la décision de ces sortes de questions.

Mais aussi comme elle n'a point reçu de Jesus-Christ, mais des Souverains, l'autorité du droit de contrainte dont elle use dans ses jugemens, même sur ces matieres spirituelles ; elle est par cette raifon obligée de fe conformer aux loix du Prince , qui reglent la maniere de proceder & d'exercer cette Jurifdiction.

Elle eft fubordonnée, po ur une autre raifon encore , au Prince temporel , dans l'exercice même de cette Jurifdiction ; en qualité de fon protecteur & de fon défenfeur , il doit veiller à ce que fes Miniftres obfervent fes décifions , fes regles de difcipline ; il doit maintenir les canons , & il eft fingulierement du devoir des Rois de France , d'empêcher que les ufages anciens & les libertés de l'Eglife de leur royaume ne fouffrent quelque atteinte , parce que dès les commencemens de l'établiffement de la religion dans leurs Etats , ils fe font fait gloire d'en porter le titre glorieux de Protecteur.

L'Evêque , de fon autorité , ne peut fans abus , transférer fon Siége Epifcopal dans une autre Eglife même du lieu , ou de fon Diocèfe.

Il eft contre les faints canons , contre les mœurs & les ufages de l'Eglife Gallicane , que l'Evêque aux jours de Fetes folemnelles aille dans une autre Eglife , même du lieu & du Diocèfe , céiebrer Pontificalement les Myfteres , qu'il y faffe la confécration des faintes Huiles ,

& ſes autres fonctions Pontificales.

Placuit ut nemini ſit facultas , relictâ principali Cathedrâ , ad aliquam Eccleſiam in Diœceſi ſe conferre , vel in re propriâ diutiùs quàm oporteat , conſtitutum , curam vel frequentationem propriæ Cathedræ negligere. (a)

Ce ſeroit donc un bien plus grand déſordre, ſi l'Evêque prétendoit changer & transférer ſon Siége Epiſcopal à ſon gré ; les Conciles défendent expreſſément ces ſortes de tranſlations : celui d'Antioche de 341 s'explique en termes bien précis ſur cet article.

Maneat autem , Epiſcopus , in Eccleſiâ quàm primitus à Deo ſortitus eſt , nec indè tranſmiget , ſecundum priſtinum de hac re terminum conſtitutum. (a)

Cette tranſlation cependant eſt quelquefois néceſſaire. Telles ſont les cauſes qui peuvent la requérir.

1°. La petiteſſe du lieu 2°. Son état de ruine. 3°. La méchanceté des habitans. 4°. Le voiſinage des hérétiques qui troublent le Service divin. 5°. La difficulté des chemins pour arriver à l'endroit où eſt ce Siége. 6°. Une utilité évidente & réelle qui réſultera de ce changement pour le Diocèſe.

(a) C. *Placuit*, 21. C. 7. q. 1.
(b) *Cap.* 21.

Suivant l'ufage préfent , après une information faite par les Officiers du Roi, *de commodo & incommodo* , & le confentement obtenu de toutes les parties qui ont intérêt ; pour parvenir à la tranflation, le Roi demande au Pape qu'il donne des bulles qui éteignent & fuppriment le titre & la dignité de l'Eglife que l'on abandonne , & qui les portent dans la nouvelle pour l'ériger en Cathédrale.

Il eft aifé de voir par ces régles, quelles font les actions de jurifdiction que l'Evêque peut faire fans abus, fur la tranflation de fon Siége, & qu'il ne peut pas toujours & dans tous les cas affecter de ne faire aucunes de fes fonctions Epifcopales dans l'Eglife Cathédrale.

Il doit obferver la plûpart des formalités prefcrites par la tranflation de fon Siége , dans celle qu'il jugeroit à propos de faire, d'une Eglife Paroiffiale d'un lieu à un autre, ou pour unir deux Paroiffes; ou pour ériger en Paroiffe une Annexe.

Maxime II.

L'Evêque ne peut fans abus changer de fon autorité privée les Breviaires & Miffels de fon Diocèfe.

C'eft

C'eſt à l'Evêque à regler l'ordre, l'heu-
re & les tems du Service divin dans ſon
Diocèſe, & même dans l'Egliſe Cathédrale, après avoir pris l'avis des Chanoines.

C'eſt la diſpoſition de l'article 34 de
l'édit de 1695. » La connoiſſance des
» cauſes concernant les Sacremens, les
» Vœux de religion, l'Office divin, la
» diſcipline Eccléſiaſtique ..... appar-
» tiendra aux Juges d'Egliſe. «

Lorſque les Evêques, dit M. de Hericourt, trouvent dans les Breviaires &
dans les Miſſels de leurs Diocèſes des
légendes fabuleuſes, ou des cérémonies
qui paroiſſent favoriſer la ſuperſtition,
ils doivent les faire réformer, & avoir
ſoin qu'on n'y infere rien que d'édifiant
& d'utile.

On doit applaudir à cette maxime ;
mais elle eſt trop générale, il faut la
reſtreindre.

Tout ce qui concerne le dogme eſt
du reſſort de l'Evêque ; les Chanoines de
la Cathédrale peuvent bien être con-
ſultés, il eſt même à propos que ſouvent
l'Evêque les conſulte, mais ils ne ſont
point juges ; ainſi, comme dit M. de
Hericourt, il eſt des ſoins & du miniſtére

N

de l'Evêque, que les fables ne ſoient pas mêlées avec la vérité des ſaintes Ecritures, que les figures des myſtéres de la foi ne ſoient pas confondues avec les myſtéres du paganiſme. L'Evêque à cet égard, peut de ſon autorité, réformer les Breviaires & les Miſſels de ſon Diocèſe.

Mais s'il eſt queſtion de changer tout l'Office qui eſt établi par un ancien uſage, d'abandonner les anciens Breviaires & les Miſſels pour en adopter de nouveaux, pour ſubſtituer à leur place ceux d'un autre Diocèſe, ou ceux à l'uſage de Rome. Il eſt conſtant qu'il y auroit abus, ſi l'Evêque faiſoit ces changemens, ſans au préalable avoir l'agrément des Chanoines de la Cathédrale, exempts ou non exempts, & ſans être autoriſé par des lettres patentes dûement enregiſtrées.

C'eſt le ſentiment de tous les Canoniſtes ; le trente-uniéme Chapitre des Preuves des Libertés de l'Egliſe Gallicane, n'eſt rempli que de lettres patentes, d'arrêts du Conſeil, & d'arrêts du Parlement qui établiſſent conſtamment cette maxime ; on y trouve ſinguliérement l'arrêt du Parlement de Paris rendu le 27 Février 1603. ſur l'appel comme

d'abus interjetté du changement du Breviaire d'Anjou , ordonné par l'Evêque
d'Angers, par lequel il eſt fait défenſes
audit Evêque d'innover aucune choſe en
l'exercice & célébration du Service divin
dans les Egliſes de ſon Diocèſe , ſans
l'autorité du Roi.

On y trouve encore des lettres patentes , données le 15 Mars 1606. par leſquelles le Roi approuve le decret du
Concile de Bordeaux , pour ce qui concerne la réformation des Miſſels & Breviaires ſelon l'uſage de Rome , & permet
à l'Evêque de Poitiers d'en uſer.

M. de Hericourt eſt peut-être le ſeul
Juriſconſulte d'un avis contraire. Il dit à
l'endroit cité plus haut , qu'il y a eu
un tems où l'on a cru en France que
l'on ne pouvoit faire ces changemens
ſans une permiſſion particuliere du Roi ;
qu'aujourd'hui on regarde les Evêques
comme ſuffiſamment autoriſés par les
priviléges généraux qu'ils obtiennent au
Sceau, pour faire imprimer les livres de
l'Egliſe, à l'uſage de leur Diocèſe.

Nous penſons au contraire que l'on
doit croire encore aujourd'hui que ces
changemens, s'ils ſont notables, ne peuvent ſe faire ſans l'autorité du Prince ,

& la conduite qu'ont tenue, feu M. le Cardinal de Biſſy Evêque de Meaux, & M. le Cardinal de la Rouchefoucauld, maintenant Archevêque de Bourges, nous eſt une preuve que ces Prélats ne ſe croyoient pas ſuffiſamment autoriſés par les priviléges généraux qu'ils ont obtenus auſſi-tôt après qu'ils ont été nommés à leurs Evêchés, puiſqu'ils en ont ſollicités de nouveaux & de particuliers pour publier des Breviaires, des Miſſels, des Rituels nouveaux. M. de Biſſy en 1713. & M. de la Rochefoucauld en 1745. à plus de dix ans de diſtance de leur nomination à leurs Siéges.

De-là nous inférons avec Fevret, (*a*) Tournet, (*b*) Papon, (*c*) Rouſſeau de la Combe, (*d*) & avec une infinité d'autres Auteurs, que les Evêques ne peuvent ſans abus changer de leur autorité privée, les anciennes cérémonies des Egliſes Cathédrales & Collégiales, introduire de nouveaux uſages dans la célébration de l'Office divin, abolir des

(*a*) Liv. 3. chap. 1.
(*b*) Lettre C. n. 1.
(*c*) En ſes Arrêts l. 1. tit. 7. n. 4.
(*d*) Juriſpr. can. & benef. aux mots *Breviaire* & *Statuts.*

anciens ftatuts confirmés par un long ufage, ou par autorité du Prince, s'ils ne contiennent rien d'abufif, & qui foit contraire à la difcipline des Eglifes de France, ainfi que déroger aux priviléges de l'Eglife Cathédrale, & autres de leur Diocèfe.

C'eft la difpofition de la Pragmatique, au titre *de Collat. ?°. ut verò*, & la glofe de ce titre *in verbo officiorum* dit, *quod jus eft ipforum fingulare, magis attenduntur confuetudines particulares locorum & Ecclefiarum, quam jus commune.*

M A X I M E III.

L'Evêque ne peut fans abus conférer un bénéfice fur une réfignation en faveur, ni créer des penfions fur les bénéfices qu'il confére.

Quoique les Evêques foient les Succeffeurs des Apôtres, & les premiers Pafteurs que Jéfus-Chrift a établis pour gouverner l'Eglife avec une grande plénitude de puiffance, chacun dans leur Diocèfe; ils doivent cependant se conformer aux loix générales de l'Eglife univerfelle, & à celles de l'Eglife de la Nation. Il eft des cas dans lefquels l'Eglife elle-même a fufpendu en quelque maniere leur pouvoir ; le Prince , en qualité de fon proteĉteur , fait obferver les loix qu'elle fait à cet égard, les Evêques font également obligés de fe conformer aux unes & aux autres.

En France , l'Evêque ne peut dans aucun cas recevoir de réfignation de bénéfice en faveur.

C'eft la difpofition du cinquante-fixiéme article de nos libertés. » Réfignation » ou procuration portant *in favorem certa* » *perfona & non alias aliter nec alio modo* , » & les collations qui s'en enfuivent, » font cenfées illicites & de nulle valeur, » comme reffentant fimonie , & ne tiennent même au préjudice des réfignans, » encore que les collations euffent été » faites par le Légat *à Latere* , en vertu de » fes facultés. Toutefois celles faites par » le Pape même , s'exemptent de cette » regle & maxime. «

Il y auroit donc abus , fi l'Evêque conféroit un bénéfice fur une réfignation en faveur , puifqu'il ne lui eft pas permis de le faire par une regle générale de la difcipline de l'Eglife de France autorifée par le Prince.

L'Evêque ne peut non plus créer de

penfions, ni recevoir de démiffions avec réferves. *Penfiones*, difent les Jurifconfultes, *non poffunt creari nifi à Papa, quia effet dividere beneficium.* (*a*)

Le titre & les fruits d'un bénéfice, font effentiellement inféparables. La Jurifprudence Eccléfiaftique en a fait un principe conftant, & ce feroit en quelque forte les défunir, que d'établir des réferves ou des penfions, & par là contrevenir aux difpofitions canoniques.

En France, les Evêques n'ufent point du droit de difpenfer de cette contravention, il eft réfervé au Pape feul, ou au Roi dans certains cas; ainfi il y auroit abus fi l'Evêque créoit des penfions fur des Cures, ou autres Bénéfices qu'il confére, foit par démiffion, foit autrement.

Cette derniere maxime fouffre cependant une exception; c'eft lorfque la réfignation fe fait pour parvenir à une union, le Collateur ordinaire peut dans ce cas établir valablement une penfion fur le bénéfice au profit du réfignant. *Poteft Epifcopus creationi & conftitutioni penfionis auctorari in unione ex permuta-*

_____

(*a*) *Rebuff. Prax. benefic. de refervat.* n. 16.

tione , ſi fiat pro utilitate Eccleſiæ. (*a*)

Cette penſion ne peut plus être ſoup-çonnée du vice de pacte & de ſimonie , qui eſt une principale raiſon pour laquelle les canons la rejettent , elle eſt donnée par forme d'aumône ; d'ailleurs, le titre change de nature ; enfin , dans ce cas elle eſt licite , & l'Evêque peut ſans abus la créer.

M. de Hericourt ſur cette queſtion fait une réflexion bien judicieuſe , & qui tendroit à rétablir l'ancien droit des Evêques.

Cet Auteur , fondé ſur un arrêt du Parlement de Flandres du 22 Mars 1728. qui maintient l'Evêque de Tournay dans le droit de créer des penſions , dit qu'effectivement il n'y a point de loi qui ait réſervé le droit de cette diſpenſe au ſaint Siége , que les Evêques anciennement en ont joui, comme d'un droit attaché à leur miniſtere , & que s'ils l'ont perdu , c'eſt qu'ils l'ont laiſſé preſcrire ſur eux par le non uſage. Ce ſont là , continue M. de Hericourt , les motifs de l'arrêt dont la Juriſprudence eſt de conſerver ce droit à ceux qui ne ſe le ſont pas laiſſé enlever.

(*a*) Dumoulin, ſur la régle *de Public.* n. 175.

Bouchel n'eſt point d'un ſentiment contraire. Les Evêques, dit-il, ne ſçauroient conſtituer une penſion ſur un bénéfice, ayant laiſſé perdre ce pouvoir & ce droit par non-uſance. Ce qui eſt arrivé, parce qu'ils l'ignoroient. *(a)*

Maxime IV.

Il y a abus, ſi l'Evêque étant refuſant de donner ſon viſa à un pourvu en Cour de Rome, ne motive ſon refus.

L'inſtitution des bénéfices appartient de droit commun à l'Evêque ou à ſes Grands-Vicaires; mais les canons & les loix du Prince dirigent en quelque ſorte ce pouvoir, & établiſſent des régles, qu'il n'eſt pas permis aux Evêques de négliger dans cette fonction de leur miniſtére.

Premierement. Le Concile de Rheims de 1583. décide expreſſément que les Evêques qui refuſent leur viſa ou inſtitution Canonique aux pourvus aux bénéfices de leurs Diocéſes, ſont tenus d'en exprimer les cauſes dans l'acte de refus qu'ils font. *Si præſentato & collatio-*

____

(a) Bibliot. Can. t. 2. p. 478.

nem beneficii postulanti Episcopus dare re-nuerit, causas recusationis teneatur scripto exhibere. Can. 18. de Episcopis.

C'étoit la doctrine des Peres du Concile d'Oxfort, tenu en *1222, cap. 7. tit. 7°.* celle du Concile de Cambray de *1565. can. 18. tit. de Epis.* celle du Concile de Rouen de *1581.* enfin, celle de l'Eglise Gallicane, & elle en a fait un décret solemnel. *Lib. 7. tit. 8. cap. 3.*

C'est la disposition des Ordonnances Royaux & des Edits ; l'article *75.* de l'Ordonnance de Moulins le prescrit, ainsi que les articles *15 & 16.* de l'Edit de Melun. L'Ordonnance de Blois, art. *12 & 13.* porte que » où lesdits impé-» trans seroient trouvés insuffisans & in-» capables, le supérieur auquel ils auront » recours ne leur pourra pourvoir, sans » précédentes inquisitions des causes du » refus : lesquelles, à cette fin, les Or-» dinaires seront tenus d'exprimer & in-» sérer aux actes de leur refus.

L'article *5* de l'Edit de *1695.* a une disposition semblable ;

» Les Archevêques & Evêques, ou leurs » Vicaires généraux, qui réfuseront de » donner leur visa ou institutions cano-» niques, seront tenus d'en exprimer les

» caufes dans les actes qu'ils feront déli-
» vrer à ceux à qui ils les auront refufés.

Secondement. L'efprit des canons &
celui des loix du Prince, qui obligent
les Evêques d'énoncer les caufes du refus
qu'ils font de donner aux pourvus de
bénéfices le vifa néceffaire pour y être
inftitués, n'a d'autre objet que de remédier aux injuftices qui pourroient être
faites.

Entre les caufes que l'Evêque peut
alléguer, les unes regardent le bénéfice,
les autres la perfonne du pourvu au bénéfice.

Toutes les caufes que l'Evêque allégueroit de fon refus, qui tendroient à
connoître & juger des qualités du bénéfice & de celles de la provifion ou du
titre, feroient abufives.

1°. La provifion eft expédiée à Rome,
fans qu'il ait été befoin que le miniftére
de l'Evêque en ait été requis. La volonté
du Pape, abfolue à cet égard, a fuffi,
il la donnée telle qu'il l'a jugé à propos,
l'Evêque n'a nul droit de l'examiner.

2°. Le droit d'examiner les provifions
de bénéfices, & tous titres fur lefquels
le poffeffoire d'iceux eft appuyé, eft du
reffort des Juges royaux.

C'eſt la diſpoſition de l'Ordonnance de Moulins.

» Art. 75. Nonobſtant les dégrés &
» nomination d'aucuns ſoi-diſans gra-
» dués nommés, voulons néanmoins &
» permettons aux Prélats de notre royau-
» me , d'examiner & enquerir la ſuffi-
» ſance de ceux qui ſe préſenteront pour
» obtenir en ladite qualité aucuns béné-
» fices , & faire expédier acte de leur
» ſuffiſance ou inſuffiſance, ou de leur
» réponſe au refus, *pour, en jugeant le poſ-*
» *ſeſſoire des bénéfices, y avoir par nos Juges*
» *tel égard que de raiſon.*

Brodeau ſur Louet & Fillau, rapportent pluſieurs Arrêts rendus en conſéquence, & conformément à cet Edit. (*a*)

Tous les Canoniſtes ſont d'un avis unanime ſur cette queſtion ; Duclos ſur Flaminius Pariſius , dit expreſſément : *In Galliâ tamen ordinarii , dum iiſdem aliqua ſignatura in formâ dignum expedita ipſis commiſſa præſentatur exequenda , non de veritate narratorum cognoſcunt.* (*b*)

Ainſi le refus de l'Evêque de donner le viſa , fondé ſur l'invalidité de la ſignature de Rome , ſoit qu'il la taxât d'o-

(*a*) Brodeau Lettre p. n. 12. Fillau p. 4. queſt. 6.
(*b*) *De reſignat. benef. lib.* 8. *q.* 5.

breption ou de simonie, soit que cette signature énonçât même que le bénéfice dépend d'un tel Collateur, tandis qu'il dépend d'un autre, seroit dans tous ces cas abusif. *Illud esset abusivum*, dit du Moulin sur cet endroit, *& tanquam ab abusu de eo ad regia Parlamenta appellari posset*. (a)

Les causes qui regardent la personne du pourvu, ont pour objet ses qualités personnelles.

Ces qualités se réduisent à l'âge, à l'ordre requis par les canons, aux bonnes mœurs, à la saine doctrine, à la science suffisante.

L'Evêque doit connoître de toutes ces qualités, c'est à lui à en juger. Mais lorsqu'il demande dans le pourvu un âge plus avancé que ne l'exige la discipline, pour le bénéfice dont il est question, lorsqu'il demande les ordres majeurs, tandis que la simple tonsure suffit, lorsqu'il taxe d'hérésie ou de sentimens douteux, sur de simples soupçons ; enfin, lorsqu'il demande une science éminente, & supérieure à celle que le pourvu est obligé d'avoir pour remplir les fonctions du bénéfice, il y a une injustice manifeste de

______

(a) *Ad Clement. unic. de off. jud. deleg.*

fa part; les caufes de fon refus pour lors font abufives; c'eft une vexation que l'autorité & la juftice du Roi répriment ordinairement.

MAXIME V.

Il y a abus, fi l'Evêque donne le vifa à un indigne.

Les fignatures de Rome, n'étant proprement que des Mandats *de providendo*, fur tout ceux *in formâ dignum*; on doit confidérer le vifa de l'Ordinaire comme une collation; c'eft au moins l'inftitution canonique.

Ainfi, l'Evêque par cette fignature, eft commis du Pape pour donner cette inftitution, il doit conféquemment fuivre fes intentions, qui font expreffément marquées dans la provifion; *Tibi idoneo reperto*; il doit examiner le pourvu fur les qualités qui peuvent, conformément aux canons & aux ordonnances du Royaume, le rendre digne ou indigne du bénéfice.

L'examen fuppofé, il y a abus fi l'Evêque donne le vifa au pourvu n'ayant pas l'âge requis, s'il n'a pas l'Ordre néceffaire, fi fes mœurs font publiquement

connues dépravées, s'il est bigame, illé-
gitime, irrégulier pour cause de crime,
& sans dispenses de ces défauts ; enfin,
s'il est étranger ; ou moine, si le bénéfice est séculier, s'il est déja revêtu d'un
autre bénéfice, &c.

Voyez sur toutes ces questions les Canonistes modernes, comme M. de Héricourt, Rousseau de la Combe, & d'autres : nous ne pourrions entrer dans le
détail & dans une plus longue discussion
de ces matiéres, sans sortir de la précision de l'objet que nous nous sommes
proposés dans cet ouvrage.

Maxime VI.

Il y a abus dans le décret d'union de
deux bénéfices ou de plusieurs, soit simples ou autrement, que l'Evêque rend,
s'il n'y a évidente utilité, urgnte nécees-
sité, & si l'on n'observe les formalités
prescrites de droit.

Il est de principe que les unions ne
doivent se faire que pour le bien réel de
l'Eglise, & non pour l'intérêt particulier
des Bénéficiers. Elles ne doivent pas non
plus causer ni la diminution du service
divin, ni l'extinction des fondations.

Si evidens necessitas, disoit le Pape Honoré III. *vel utilitas exigat, prebendas Ecclesiæ tuæ poteris de Capellis in perpetuum annectendis eisdem, sicut discretione præviâ expedire videris, augmentare ; reservatâ congruâ Capellarum præsbyteris portione. Cap. exposuisti 33. extra de præb. & dignit.*

L'utilité & la nécessité, pour rendre les unions licites, ne peuvent être plus scrupuleusement recherchées & prescrites que dans cette decrétale. Le Concile de Constance, *ss. 43.* & le Concile de Trente *ss. 21. cap. 5°.* & *ss. 24. cap. 13.* & *15.* en ont suivi la discipline ; c'est aussi l'esprit & la disposition de nos Ordonnances & de nos Edits.

C'est pourquoi, les unions étant en elles-mêmes odieuses, l'Eglise a voulu que l'on usât pour cette raison d'une grande prudence, lorsque ses Ministres en feroient, & que l'on observât avec scrupule & exactitude les formalités qu'elle a jugé convenable de prescrire pour y parvenir.

C'est dans de pareilles vûes que le Prince, comme Magistrat politique & comme Protecteur de l'Eglise, a rendu des Ordonnances & donné des Edits, pour exécuter à la rigueur les canons de

la

la difpline eccléfiaftique fur cette matiére. Telle eft l'Ordonnance de Blois,
article 22.

» Es lieux où des Cures ou Eglifes Pa-
» roiffiales le revenu eft fi petit qu'il n'eft
» fuffifant pour entretenir le Curé, les
» Evêques, avec due connoiffance de
» caufe, & felon la forme prefcrite par les
» Conciles, y pourront unir autres bé-
» néfices Cures ou non Cures, & procé-
» der à la diftribution des dixmes & au-
» tres revenus eccléfiaftiques.

L'Edit d'Henri IV. du mois de Décembre 1606. article 18. l'Ordonnance de
1667. au titre des Enquêtes ; l'Edit du
mois de Septembre 1718. & les Déclarations du Roi, des 25 Avril, & 13
Juillet 1719. ont la même difpofition
fur ce fujet.

C'eft donc une maxime inconteftable
que l'Evêque ne peut, fans abus, procéder à l'union de deux ou plufieurs bénéfices & en prononcer le décret, s'il
n'y a utilité & néceffité, & s'il n'obferve
les formalités prefcrites par les canons &
par les Ordonnances Royaux.

Nos ufages font fi précis fur cet article, qu'ils ne permettent pas même
au Pape de s'écarter de ces régles,

O

dans les unions qu'il veut faire en France.

*Bien peut, le Pape, bailler refcrits délé-
gatoires, à l'effet des unions qu'on entendra
faire, felon la forme contenue au Concile de
Conftance, & non autrement.* (a)

Les Canoniftes & les Jurifconfultes, qui
ont écrit fur les unions, citent à chaque
page des arrêts des Cours fouveraines du
royaume, dont la jurifprudence eft conforme à notre maxime.

C'eft d'après toutes ces autorités
qu'eux-mêmes ont établi, que dès lors
que l'on ne voyoit que des utilités appa-
rentes, & que l'on négligeoit les formalités requifes pour procéder aux unions,
elles étoient nulles de plein droit. *Unio,*
dit Rebuffe, *ipfo jure nulla eft, fi non fit
folemnitas fervata.* (b)

Enfin le même Auteur, penfant que
l'Eglife & les Princes n'ont pris tant de
précautions que dans la vûe d'empêcher
les abus que l'ambition, l'avarice ou le
luxe de ceux qui cherchent ces unions
pourroient introduire, dit qu'il ne fuffit pas qu'il foit exprimé dans le décret
de l'Evêque, qu'il y a grande utilité, &
que l'on a obfervé les formalités, il faut

(a) Art. 49. des libert. de l'Egl. Gall.
(b) *Prax. benef. in reg. de unionib.*

encore qu'il y ait des actes autentiques qui conſtatent l'un & l'autre. *Nec crederetur inſtrumento unionis dicenti ſolemnitates interveniſſe , niſi illæ ſolemnitates appareant. (a)*

MAXIME VII.

Il y a abus , ſi l'Evêque dans ſa viſite exige un droit, ſoit en argent ou en vivres, pour les lieux où il eſt d'uſage de ne rien prendre ; & ſi dans les endroits où ce droit eſt établi , il prétend l'exiger deux fois dans un an , quand même il les viſiteroit deux fois.

L'obligation où ſont les Evêques de viſiter leur Diocèſe , eſt une régle de la diſcipline eccléſiaſtique & les Ordonnances du royaume leur en commandent l'obſervation : ” Viſiteront les Archevêques & ” Evêques en perſonne les Egliſes & Cures de leur Diocèſe. art. 6. de l'Ordonnance de Blois. Mais comme ſouvent les meilleures choſes & celles qui ſont établies pour une bonne fin , peuvent par le mauvais uſage que l'on en fait, dégénerer en de grands abus , il s'en fallut de

(a) *Ibid.*

très-peu , que fous le régne de Charlemagne , l'Eglife ne fit de nouvelles régles de difcipline , qui auroient défendu
aux Evêques de vifiter leur Diocèfe , au
lieu de le leur prefcrire , comme le font
les anciens canons.

En effet, il ne réfultoit aucun bien de
ces vifites, elles étoient pour les Evêques
une occafion de diffipation , & elles cau-
foient la ruine des lieux où ils paffoient ;
les dépenfes que faifoient le grand nombre de domeftiques, de chevaux & de
chiens qu'ils menoient à leur fuite , ap-
portoient tant de dommage aux Curés &
au peuple, qu'un Auteur célébre dit, que la
grêle qui défoloit tout un canton , étoit
beaucoup moins à appréhender qu'une
vifite d'Evêque.

Le troifiéme Concile de Latran pré-
tendit réformer cet abus , en fixant le
nombre de chevaux & de domeftiques
que les Evêques auroient à leur fuite dans
leur vifite ; mais cette fixation ne donna
que moderément du foulagement à l'op-
preffion. Le Concile de Trente apporta
de nouveaux remédes , & fit des régles
qui mettent de plus juftes bornes aux
droits que les Evêques exigent , & à la
dépenfe qu'ils peuvent faire dans leur vifite.

Il établit, session 24. chap. 3. 1°. que la procuration ou droit de visite, se payera en argent ou en vivres, au choix de ceux qui sont visités. 2°. Que les Visiteurs ne recevront rien dans les lieux où les visités ont ou titre légitime, ou légitime prescription, de ne donner ni argent ni vivres. 3°. Que les Visiteurs ne recevront point d'argent dans les lieux où ils seront nourris. 4°. Que la taxe des vivres sera si moderée, qu'elle ne donne occasion à aucune plainte.

L'assemblée générale du Clergé de France de 1614. a reçu ces régles, elles sont contenues dans le sixiéme article de ses réglemens, qu'elle a fait autoriser par un Arrêt du Conseil.

Le Parlement de Paris en conséquence en a fait la régle de la Jurisprudence de ses Arrêts; ainsi la prétention qu'auroit un Evêque de percevoir ce droit, contre la disposition de ces réglemens, seroit justement taxée d'abus.

On voit par là, que l'usage dans lequel les Evêques sont de percevoir un droit, lorsqu'ils visitent en personne les Paroisses de leur Diocèse, est ancien; celui de ne percevoir ce droit qu'une fois l'année, quand même il y auroit nécessité de faire plusieurs fois cette visite, n'est pas moins ancien, on le trouve établi dans un capitulaire de Charles le Chauve de l'an 844.

Apud Tolosam civitatem , si amplius , ministerium suum per Diœcesim agere voluerint. Episcopi , hanc tamen dispensam non amplius quàm semel à Presbyteris per annum accipiant.

Il y a plusieurs arrêts de différens Parlemens rapportés dans le volume des mémoires du Clergé , de la jurisdiction volontaire des Evêques, qui ont déclaré abusives les ordonnances de quelques Evêques contraires à cette maxime.

Maxime VIII.

Il y auroit abus si l'Evêque, dans le cours de sa visite, prononçoit des jugemens en matiere de jurisdiction contentieuse.

Les Evêques dans leurs visites exercent seulement les fonctions de Pasteurs & de Peres spirituels, & en cette qualité, ils peuvent ordonner par forme de pénitence des corrections *de plano* , sans formalités de justice.

Ils peuvent encore, suivant le sentiment du plus grand nombre des Jurisconfultes, fondés fur l'ufage, faire une information, entendre des témoins; fur leur audition, decréter, & même faire emprifonner, en obfervant les régles prefcrites par les ordonnances, fur tout fi le crime de l'accufé intéreffe le public attendu que pour lors, il eft de la prudence & de la bonne police de s'affurer de la perfonne du criminel.

Mais la jurifprudence des Parlemens, conformément aux décrets des Papes, & à la difpofition des édits du Roi, leur a conftament refufé un tribunal dans le cours de leurs vifites diocèfaines; l'audition des témoins qu'il leur eft permis de faire, étant une fois finie, ils ne peuvent procéder à leur confrontation & récolement.

Ainfi, il y auroit abus, fi les Evêques dans leurs vifites prononçoient des fentences. 1º. Parce qu'ils font hors de leurs tribunaux. 2º. Parce qu'ils ne peuvent en ce cas obferver les régles de la forme judiciaire.

Il faut obferver que fi l'Evêque ayant trouvé un Clerc chargé de fautes graves, dans le cours de fa vifite, & qu'après lui avoir impofé une peine (autre que la fufpenfe, qui n'en eft pas une) proportionnée à fon crime, il le renvoyoit à fon Official , pour inftruire juridi-quement fur le fait, & en conféquence lui faire fon procès, il y auroit abus dans l'ordonnance de l'Evêque. Il eft contre les loix d'impofer deux peines différentes pour le même crime.

M A X I M E IX.

Le nommé par le Roi à un Evêché ne peut, fans abus, donner des lettres de Grand-Vicaire , avant d'avoir obtenu de Rome fes bulles, & s'il n'eft facré.

Les Canoniftes diftinguent dans la ju-rifdiction des Evêques, entre ce qui eft de la puiffance d'ordre , & ce qui eft de la puiffance d'adminiftration.

Il faut être revêtu du caractere Epifco-pal pour exercer la premiere. Il faut avoir un titre canonique pour exercer la feconde ; il faut de plus notifier ce titre au Chapitre de l'Eglife Cathédrale, ce qui fe fait par l'acte de la prife de pof-feffion. C'eft la difpofition du Droit Ca-nonique. *Cap. unico injuncta de elect. in ex trav. comm.*

Le brevet du Roi tient feulement lieu de l'élection ; or, dans le tems que l'élec-

tion étoit en ufage ; il n'étoit pas permis
à l'élu , fuivant les canons. *Cap. nofti 9.
extra de elect. & elect. poteft.* de faire aucune
fonction épifcopale , avant qu'il fût confirmé dans fon élection. Les bulles de
Cour de Rome préfentement , tiennent
lieu de confirmation , & la prife de poffeffion fait reconnoître le nommé pour
Pafteur légitime.

Par conféquent , le nommé ne peut,
fans bulles, gouverner par lui-même, ni
en donner la commiffion. Il y auroit donc
abus , fi fur le fimple brevet du Roi de
nomination à un Evêché , le nommé donnoit des lettres de Grand - Vicaire.

Cette maxime eft conforme aux régles du droit commun, elle eft d'ailleurs
appuyée fur la difpofition d'un Arrêt du
Confeil d'Etat du Roi , rendu en forme
de réglement le 26 Avril 1657.

Cet Arrêt ne permet à ceux qui font
pourvus des Evêchés , de faire les fonctions fpirituelles , qu'après avoir pris
poffeffion des Evêchés avec les folemnités
requifes, en vertu des provifions apofto-
liques expédiées fur la nomination du
Roi, le tout fans avoir égard aux arrêts
contraires au préfent réglement , & fans

préjudice des droits de régale , qui appartiennent au Roi. (*a*)

M A X I M E X.

Il y a abus dans tous les actes du Grand-Vicaire , si sa commission n'est revêtue des formalités prescrites.

Le Grand-Vicaire, exerçant pour l'Evêque, & en son nom, la jurisdiction volontaire , doit être connu ; & le titre qui lui donne cette commission doit être revêtu d'une forme autentique & publique.

C'est pourquoi cette commission doit être donnée par écrit & non verbalement, par une lettre ; elle doit être signée de l'Evêque & de deux témoins , insinuée en outre au Greffe des insinuations ecclésiastiques du Diocèse pour lequel elle est donnée.

Ces formalités sont prescrites par l'article 10. de l'Edit de 1613. & par l'article 21. de l'Edit des insinuations , donné au mois de Décembre 1691.

Cet Article porte : » Les Vicariats.... » ne pourront sortir aucun effet , ni au- » cune nomination , présentation ou col-

(*a*) *Dans le second Vol. des nouveaux Mém. du Clergé.*

» lation être faite en vertu d'iceux, juf-
» qu'à ce qu'ils aient été regiſtrés au
» Greffe du Diocèſe, où eſt aſſis le chef-
» lieu des Prélatures, Chapitres & Di-
» gnités, deſquels dépendent les béné-
» fices.

Paſtor, *de beneficiis, lib.* 10. *tit.* 11. dit
expreſſément que ces formalités ſont
preſcrites par les loix de l'Etat & par les
conſtitutions de l'Egliſe Gallicane.

*De mandato Vicarii, conſtare debet, non
teſtibus, ſed litteris authenticis, ſigillo, ſub-
ſcriptione Epiſcopi & teſtibus munitis & apud
acta inſinuatis juxta conſtitutiones Gallicas.*

Nos Canoniſtes ſur ce ſujet ſont d'un
avis unanime. Rebuffe, *in praxi benef. tit.
de Vicar. Epiſcop.* du Luc, *placitorum lib.*
1º. *tit.* 4º. Fevret, *de l'Abus liv.* 3. *ch.* 5.
M. de Hericourt, *Loix Eccleſ. premiere part.
ch.* 2. Rouſſeau de la Combe, *Juriſprud.
Canon. & Benef.* au mot *Vicaires Généraux;*
& d'autres.

M A X I M E XI.

Il y a abus dans la commiſſion du
Grand-Vicaire, s'il tient à ferme les revenus du Secretariat de l'Evêque, ou les
biens de l'Evêché.

Fevret & M. de Hericourt, à l'endroit cité dans la précédente Maxime, décident , conformément à l'Ordonnance d'Orléans , que le fermier des revenus de l'Evêque ne peut exercer sa jurifdiction volontaire avec lettres de Grand-Vicaire.

L'article 17. de cette Ordonnance porte : ʺ ne pourront les Prélats en quel-ʺ que maniere que ce soit bailler à ferme ʺ le fpirituel de leur bénéfice , ni leurs ʺ Vicariats à leurs fermiers, aufquels Vi-ʺ caires défendons à nos Juges avoir ʺ aucun égard. « C'eſt auſſi la difpofition de l'art. 45. de l'Ord. de Blois.

M A X I M E XII.

Il y a abus ſi le Grand-Vicaire fubdé-légue.

Dans le Vicariat, *eligitur perfona induf-tria* , fuivant la maxime du Droit cano-nique (*a*) & dès que c'eſt le mérite per-fonnel du Grand-Vicaire qui a détermi-né l'Evêque à lui donner la commiſſion d'exercer ſa jurifdiction , l'Evêque eſt cenſé ne pas vouloir qu'un autre qui ne feroit pas de fon choix , & qu'il ne con-

____

(*a*) *Cap. quoniam 43. extrà de off. & poteſt. jud. deleg.*

noîtroit pas, l'exerçât. Dailleurs, comme le remarque M. de Hericourt, (*a*) le droit ne permet qu'aux Légats du S. Siége de subdéléguer. Nous pourrons encore appliquer la disposition de la décretale du Pape Alexandre III. à cette question.

Clericos in Presbiteratu vel in aliis inferioribus ordinibus constitutos , in Vicariis Ecclesiarum quas adepti sunt , alios sibi substituere non permittas , cum id satis absonum & absurdum. Cap. Clericos 4. extra de off. Vic. .

Ainsi, il y auroit abus & dans l'acte de subdélégation du Grand-Vicaire, & dans les actes du subdélégué.

Il faut cependant observer , que s'il étoit expressément porté par la commission du Grand-Vicaire qu'il pourra subdéléguer dans certains cas ; pour lors le Grand-Vicaire ne passant pas ses pouvoirs, pourroit subdéléguer. C'est le sentiment de Rousseau de la Combe, fondé sur la décretale de Boniface VIII. *Cap. licet 8°. in sexto de off. & potest. Jud. deleg.*

______

(*a*) Loix Ecclef. p. prem. chap. 2.

MAXIME XIII.

L'Archidiacre ne peut , sans abus ; donner & faire des ordonnances dans le cours de sa visite, sur toutes les matieres qui doivent être portées au tribunal de l'Official : il ne pourroit non plus , sans abus prétendre visiter certaines Eglises qui se trouvent dans l'enceinte de son Archidiaconé ; parce que la visite des lieux privilégiés n'appartient qu'à l'Evêque : il ne peut non plus exiger pour son droit de visite, une somme plus considérable que celle que l'on est dans l'usage de lui payer, pour les Eglises qui sont sujettes à la visite.

La jurisdiction des Archidiacres est peut-être le point sur lequel la discipline des Eglises de France est la moins uniforme. Nous pensons pour cette raison , avec les Canonistes modernes , qu'il convient pour le bien de la paix que les Evêques & les Archidiacres suivent les coutumes anciennes & les usages qu'ils trouvent établis dans leurs Dioceses ; cette maxime empêchera les Evêques de vouloir resserrer dans des limites trop étroites l'étendue de la jurisdiction des Archidiacres , & elle mettra un frein aux entreprises que les Archidiacres seroient tentés de faire pour étendre cette jurisdiction au-delà de ce qu'elle doit être.

Cependant la jurisprudence des arrêts du Parlement de Paris établit que les Archidiacres ne peuvent acquérir par prescription la connoissance des causes importantes , comme sont les matieres qui demandent quelque discussion , & sur lesquelles on ne peut prononcer qu'après avoir observé dans l'instruction la forme ordinaire des jugemens.

C'est la disposition du droit Canonique. *Archidiacono non videtur de ecclesiasticâ institutione licere , nisi autoritas Episcoporum accesserit , in aliquos sententiam promulgare. Cap. Archidiacono 5°. extrà de off. Archid.*

En effet , par le titre de leur institution , ils n'ont point de jurisdiction contentieuse ; ils ne peuvent , comme dit Fevret , connoître que des affaires de peu de conséquence , *& quæ obiter in transitu , in cursu visitationis expediri possunt.*

Ainsi , les Archidiacres ne peuvent point alléguer de possession contre leur propre titre , d'autant plus qu'ils sont Officiers de l'Evêque , & qu'étant censés posséder en son nom, cette possession ne peut être considerée que comme *précaire*, & ne peut jamais opérer de prescription.

C'est pourquoi l'Archidiacre qui est dans la possession de faire des ordonnances dans le cours de sa visite, n'en peut donner sans abus, sur toutes les matieres qui doivent être portées au tribunal contentieux de l'Official. C'est la discipline du Concile de Trente reçue à cet égard dans l'Eglise de France, & confirmée par plusieurs arrêts des Parlemens du royaume.

Causæ matrimoniales, & criminales, non Decani, Archidiaconi, aut aliorum inferiorum judicio, etiam visitando, sed Episcopi tantum examini & jurisdictioni relinquantur. sess. 24 de refor. cap 20 Conc. Trid.

L'Archidiacre n'a pas droit de visiter toutes les Eglises indifféremment qui se trouvent dans l'étendue de son Archidiaconé ; Fevret & Rousseau de la Combe rapportent des arrêts qui ont maintenu des Eglises Collégiales dans l'exemption de la visite des Archidiacres.

Quant aux Paroisses situées dans les Monasteres exempts de la jurisdiction des Ordinaires, les Archidiacres n'ont pas droit

droit non plus de les viſiter conformément à l'article 3. de l'Edit de 1606. &
à l'article 15. de l Edit de 1695. ainſi
que les Abbayes , ſuivant l'article 18. de
ce dernier Edit.

Par conſéquent , il y auroit abus , ſi
l'Archidiacre prétendoit viſiter toutes
ces Egliſes , quand même il auroit une
commiſſion particuliere de l'Evêque pour
le faire. Suivant nos régles de diſcipline
& nos uſages , autoriſés par les Edits du
Roi & par les Arrêts des Parlemens , l'E-
vêque doit faire en perſonne la viſite dans
tous les lieux exempts de ſon Diocèſe ,
& dans ceux qui ſont en poſſeſſion de ne
recevoir ni les Archidiacres , ni autres
de ſes Officiers.

Il y auroit encore abus , ſi l'Archidiacre
prétendoit pour ſon droit de viſite ; dans
les lieux où il peut en faire , exiger plus
qu'il n'eſt réglé par les uſages reçus dans
le Diocèſe.

Voyez ce qui eſt dit à la Maxime VII.
de ce Chapitre , ſur le droit de procuration dû à l'Evêque pour ſa viſite.

CHAPITRE VII.

De la Jurisdiction contentieuse des Ordinaires.

Maxime I.

IL seroit contre l'usage constant du Royaume, que l'Evêque exerçât par lui-même dans son auditoire la Jurisdiction Ecclésiastique contentieuse.

Le dépôt sacré de la Jurisdiction Ecclésiastique a été confié par Jesus-Christ à ses Apôtres, pour qu'ils le transmissent aux Evêques leurs successeurs, afin que chacun d'eux l'exerçât sur son troupeau ; nous avons dit que dans les premiers siécles de l'Eglise, cette jurisdiction ne s'étendoit qu'à faire exécuter les loix de l'Evangile ; à faire de nouvelles loix lorsque les circonstances le demandoient ; à juger de ces circonstances, & à punir par des peines purement spirituelles ceux qui n'obéissoient pas.

C'étoit-là en quoi consistoit alors la principale partie du ministére Episcopal ; la Jurifdiction des Evêques dans les Gaules n'avoit pas des bornes plus étendues lorfque Pharamon, Clodion, Merovée & Childeric ont jetté les premiers fondemens de ce Royaume. Il eft encore démontré par l'Hiftoire de Clovis, & des autres Rois de fa race, qu'après que la Religion Chrétienne fut devenue la dominante dans leurs Etats; pour lors, afin de maintenir l'ordre, & pour éviter la confufion dans les affaires qui regardoient le gouvernement, on diftingua ce qui pouvoit être du fpirituel d'avec les chofes temporelles. Enfuite il fut ftatué.

Que les Chefs de la religion borneroient ; comme il étoit raifonnable, leurs foins & leur follicitude au fpirituel, fans les étendre au temporel.

Que tout ce qui pouvoit intéreffer le gouvernement de l'Etat leur feroit interdit.

Que tout ce qui étoit, ou feroit permis par le Prince, ne pourroit devenir l'objet de leurs défenfes.

Enfin, que leurs décifions, leurs ftatuts fur la difcipline, feroient fubordonnés aux maximes & aux loix de l'Etat.

Dans des tems poftérieurs à ceux-ci,

& fous d'autres régnes, la Jurifdiction Eccléfiaftique s'eft accrue ; nos Princes par refpect pour l'Eglife, comme le dit M. de Hericourt, *(a)* & pour honorer les Pafteurs, l'ont augmentée ; ils lui ont accordé par privilége un Tribunal contentieux, pour donner plus d'autori à leurs décifions fur les affaires fpirituelles, & par une grace fpéciale, ils ont attribué à ce Tribunal la connoiffance des affaires perfonnelles intentées contre les Clercs, tant pour le civil que pour le criminel.

Quelques Jurifconfultes d'entre les plus célébres prétendent que cette partie de la Jurifdiction Eccléfiaftique, telle qu'elle eft même préfentement, n'eft pas une Jurifdiction entiere ; que le lieu où elle s'exerce n'eft pas un vrai Tribunal. Ils appellent cette jurifdiction *notionem, judicium, judicationem,* & le Tribunal, *merum audientiam.* De-là vient le nom de Prétoire, ou Auditoire.

De quelque nature que foit cette Jurifdiction, nous répétons qu'il eft conftant qu'elle vient de la libéralité des Princes, & que dans la conceffion qu'ils

_____
(a) Loix Ecclef. 1. p. ch. 1. max. 3.

en ont faite à l'Eglise, ils ont obligé ses Ministres dans l'exercice qu'ils en feroient, de ne pas l'étendre au-delà des limites qu'il leur plairoit de lui prescrire, & de suivre les formes de procédures reglées par les canons pour le spirituel, & par les ordonnances du royaume pour le temporel.

Ainsi, toutes les fois que ces deux conditions ne se trouvent pas scrupuleusement remplies dans les jugemens des Ministres de l'Eglise, ces jugemens doivent être corrigés par le Prince, comme Magistrat politique, si ses ordonnances & ses édits n'ont point été suivis, ou comme Protecteur des canons, si on en a négligé ou méprisé la discipline.

Les Evêques ont eux-mêmes exercé autrefois cette jurisdiction, mais voyant son étendue, & que par là, elle leur demandoit des soins qui les auroient empêchés de s'appliquer, autant qu'ils le doivent, aux choses plus essentielles de leur ministére, ils en ont confié l'exercice à des Officiers.

L'usage de l'établissement de ces Officiers, que l'on nomme Officiaux, ou Juges délegués, est ancien en France; tous les Jurisconsultes & les Canonistes penſent qu'il fait une loi préſentement, & que l'Evêque ne pourroit ſans abus, exercer par lui-même cette partie de la Juriſdiction Epiſcopale.

M. de Hericourt obſerve cependant que les Evêques de Provence & de Flandres ont conſervé l'uſage contraire; qu'ils exercent par eux-même leur Juriſdiction contentieuſe, & qu'un arrêt du Parlement de Paris qui avoit défendu à l'Evêque de Clermont de préſider à ſon Officialité, avoit été caſſé par un arrêt du Conſeil rendu en 1637. *(a)*

On pourroit penſer que le Conſeil ſeroit aujourd'hui conforme ſur cette matiere, à l'arrêt du Parlement rapporté plus haut.

Il eſt au moins conſtant que conformément à la diſpoſition de l'art. 31. de l'édit de 1695. l'Evêque, dont le Dioceſe eſt du reſſort de deux Parlemens, eſt obligé d'établir un Official dans un lieu ſitué dans le reſſort du Parlement duquel ſa ville Epiſcopale n'eſt pas, à moins qu'il n'ait des lettres patentes dûement enregiſtrées dans le même Parlement, qui l'en diſpenſent.

_____

(a) Ibid. ſup.

Par une raison contraire, il y auroit abus, si l'Evèque, dont le Diocèse ne seroit du ressort que d'un Parlement, établissoit deux Officiaux pour exercer sa jurisdiction séparément dans deux endroits différens de son Diocèse. On trouve dans les Mémoires du Clergé, tom. 7. un arrêt du Parlement de Paris, rendu le 24 Avril 1600. qui l'a jugé ainsi.

L'Editeur de ces Mémoires observe néanmoins par un exemple qu'il rapporte, que si le Roi jugeoit les raisons que l'Evêque allégueroit pour faire de doubles établissemens, bonnes & valables, & qu'en conséquence, Sa Majesté lui donnât des lettres patentes, il pourroit le faire, en faisant enregistrer ces lettres au Parlement du ressort duquel est son Diocèse.

Maxime II.

Il y a abus dans les actes de l'Official, s'il n'a les qualités prescrites par les canons & par les ordonnances du royaume, & si sa commission n'est revêtue de certaines formalités.

Les canons regardent comme une indécense outrée, que l'Evêque confie à des Laïcs une partie de son administration. Ils demandent que ce soit des

Clercs qui jugent les Clercs. *Indecorum enim eſt laicum Vicarium eſſe Epiſcopi & ſæculares in Eccleſiâ judicare.* (*a*)

Nos ordonnances ont la même diſpoſition. „ Nul ne pourra être Vicaire géné-„ ral, ou Official d'aucun Archevêque, „ s'il n'eſt gradué & conſtitué en l'Ordre „ de Prêtriſe. „ *(b)*

Il faut que l'Official ſoit Licencié en Droit-Canon, ou en Théologie, & qu'il ait pris ces degrés dans une Univerſité du royaume.

Le Concile de Tours de 1583. tit. 19. *de Juriſd. Ecclef.* l'a ainſi ordonné. C'eſt la diſpoſition de l'ordonnance de Blois; l'article 45. porte.

„ Voulons, & nous plaît pareillement, „ qu'aucun Eccléſiaſtique ne puiſſe être „ admis à faire la fonction d'Official „ qu'il ne ſoit Licencié en Droit-Canon, „ le tout à peine de nullité des ſentences „ & jugemens qui ſeront rendus par leſ-„ dits Juges & Officiaux; & parce qu'il „ pourroit arriver que ceux de nos ſu-„ jets qui voudroient ſe faire pourvoir „ de l'emploi d'Official, pourroient „ aller prendre des atteſtations d'é-

(*a*) *Can. In nona.* 22. C. 16. q. 7°.
(*b*) Ordonnance de Blois, art. 45.

» tudes dans les Univerſités étrange-
» res, & même des degrés & lettres de
» Licence... ce que voulant prévenir....
» ordonnons que nos ſujets de quelque
» qualité & condition qu'ils ſoient, ne
» puiſſent être reçus à prendre aucun
» degré, ni lettres de Licence eſdites
» Facultés de Droit civil & canonique,
» en vertu des certificats ou atteſtations
» d'études, qu'ils auroient obtenus ès
» Univerſités ſituées ès royaumes & pays
» étrangers. ... ſur les degrés & lettres
» de Licence qu'ils pourroient avoir
» obtenus dans les mêmes Univerſités
» étrangeres; mais ſeront tenus de faire
» les années d'études, ſoutenir les actes,
» & ſatisfaire à tout ce qui eſt porté par
» notre édit du mois d'Avril 1679. «

La déclaration du 20 Mars de la même année, renouvelle la diſpoſition de
cette ordonnance à cet égard.

L'Official doit être natif du royaume,
ou au moins naturaliſé, conformément à
l'édit de Henri II. du mois de Septembre
1555.

» Ordonnons que tous & chacuns, les
» perſonnages n'étans natifs & originai-
» res de notre royaume, qui ont été à
» notre nomination, préſentation, ou

» autrement , pourvus d'aucuns Arche-
» vêchés , Evêchés .... de notre royau-
» me , ne pourront faire , créer , com-
» mettre ne ordonner aucuns Vicaires ,
» Officiers , ne autres ayans la superin-
» tendance defdits bénéfices étans de
» leur Nation , ne autres étrangers : ains
» feront tenus faire & créer leurfdits
» Vicaires & Officiers d'aucuns de notre
» royaume , à peine de faififfement de
» leur temporel. «

L'Official ne doit tenir aucune ferme de l'Evêque , ni le Sécretariat , ni les biens de l'Evêché. Il ne peut pas non plus être Officier du Roi dans aucune Cour , ni Siége Royal.

Article 45. de l'ordonnance de Blois.
» Et ne pourra le Vicaire , ou Official de
» l'Evêque , tenir aucune ferme de fon
» Prélat , foit du Sceau , ou autre. «

Ordonnance de Charles VI. de 1398.
Volumus infuper & ordinamus quod omnes prælibati Senechalli , Baillivi , & Judices noftri de cætero non fint de Confilio nec aliis Dominiis Ecclefiarum. (a)

L'ordonnance de Blois , & celle de Moulins ont une difpofition égale.

____

(a) Rapportée dans Dumoulin , tome 2. §. 68. p. 499.

Celle de Blois, article 112. porte :

» Inhibons & défendons à tous Préſi-
» dens .... & autres Officiers de nos
» Cours, & généralement à tous nos au-
» tres Officiers, tant de Cours ſouverai-
» nes que ſubalternes, de prendre aucun
» Vicariat d'Evêque ou Prélat, pour le
» fait du temporel, ſpirituel, ou colla-
» tion des bénéfices de leur Evêché. «

M. de Hericourt, dans une remarque
ſur ſa maxime vingt-troiſiéme du ſecond
chapitre, partie premiere des Loix Eccléſiaſtiques, rapporte un arrêt du Parlement de Paris du 30 Avril 1617. qui
condamne un Conſeiller du Préſidial de
Rheims, nommé Official de cette Métropole, d'opter dans l'eſpace de trois
mois, ou de l'Officialité, ou de la charge
de Conſeiller.

Conſéquemment à cet arrêt rapporté
par M. de Hericourt, il paroît ſurpre-
nant que cet Auteur n'exclue dans ſa
maxime, que les Officiers des Cours
ſouveraines, de tenir en même tems les
Officialités.

Il faut ſur cela s'en tenir exactement
à la diſpoſition de cet arrêt; qui eſt conforme aux ordonnances; & il n'eſt pas
douteux qu'il y auroit abus, ſi l'Evêque

donnoit la commiſſion de tenir ſon Officialité à tout Officier du Roi, de quelque Cour qu'il fût.

Les formalités dont doit être revêtue
la commiſſion de l'Official, ſont les mêmes que celles qui ſont preſcrites pour
les lettres du grand Vicaire. Il faut qu'elle ſoit par écrit, ſignée de la main de l'E-
vêque, & inſinuée au Greffe des Inſi-
nuations Eccléſiaſtiques du Diocèſe.

Article 21. de l'Edit du mois de Décembre 1691. » Seront ſujettes à ſemble
» inſinuation. ... les proviſions d'Offi-
» cial. »

M A X I M E III.

L'Evêque ne peut ſans abus vendre
l'emploi d Official.

Comme la Juriſdiction Eccléſiaſtique
doit, ſuivant les canons, s'exercer ſans
lucre, l'emploi de cet exercice ne doit
pas être vendu. Il y auroit une eſpéce de
ſimonie, s'il l'étoit ; il y auroit au moins
abus bien formel depuis la publication
de la déclaration du Roi, du 17 Août
1700. qui le défend.

Cette déclaration porte : » Enjoignons
» auſdits Archevêques & Evêques, de
» pourvoir gratuitement, ſuivant les

» regles de l'Eglise, des personnes ca-
» pables par leur probité, & par leur
» doctrine, d'exercer les fonctions d'Of-
» ficiaux, Vice-Gérans & Promoteurs;
» même de ceux qu'on appelle *Fotains*,
» en leurs Officialités. «

MAXIME IV.

L'Official ne peut sans abus exercer sa jurisdiction hors son Tribunal.

L'Eglise n'a pas ce que le Droit Romain *(a)* appelle *jus terrendi*, ni territoire par conséquent. Elle n'a qu'un simple auditoire, hors duquel ses Ministres qui exercent la jurisdiction contentieuse, ne peuvent prononcer de jugemens.

Ainsi, l'Official ne peut sans abus décerner des citations contre ses Justiciables, ni prononcer des sentences hors le lieu où le siége de l'Officialité est établi.

MAXIME V.

L'Official ne peut sans abus connoître des causes de son Evêque.

Suivant la maxime établie par la Dé-

______
(a) Lege pupillus. §. territorium. 8°. *Digest. de verb. signific.*

cretale de Boniface VIII. l'Official, *cum fit idem adjutorium utriufque,* (*a*) ne peut connoître des affaires de fon Evêque, foit qu'il foit demandeur ou défendeur. Le Métropolitain dans ce cas eft le feul Juge compétent. Voyez les Mémoires du Clergé, tome premier, chapitre 9.

(*a*) *Cap. Non putamus* 2°. *de confuetud. in Sexto.*

CHAPITRE VIII.

Des cas où il y a abus dans les Jugemens des Officiaux sur les causes de Mariage.

Maxime I.

ON distingue entre les causes purement privées, & les causes qui regardent l'intérêt public. On ne considere dans les premieres que la personne pour fonder la Jurisdiction ; dans les secondes, on a égard à leur qualité plus qu'à la personne.

C'est pourquoi les causes qui concernent les Mariages, étant de nature à intéresser le bien de l'Etat, & le repos de la société civile, cette qualité l'emporte sur la condition des personnes privées, & les contestations qui naissent sur cette matiere étant presque toutes Ecclésiastiques, elles attirent les Laïcs au Tribunal du Juge ecclésiastique, & les rendent ses justiciables.

Le Mariage est considéré comme Sacrement, & comme contrat civil.

Les contestations par rapport au Mariage, considéré comme Sacrement, appartiennent de droit au Tribunal ecclésiastique. Les questions, *de fœdere matrimonii*, comme disent les Canonistes, font toutes spirituelles. Il y auroit entreprise manifeste de la part des Juges Laïcs, s'ils prétendoient en connoître. (*a*)

Entre les contestations sur le Mariage, considéré comme contrat civil, il en est qui, par privilége & par concession du Prince, sont portées devant le Juge d'Eglise, à cause du rapport qu'elles ont avec ce qui fait la matiere de ce Sacrement.

Le Juge d'Eglise, l'Official, ne peut sans abus, négliger de suivre les régles prescrites par les loix du royaume, dans les jugemens qu'il rend sur les contestations de cette seconde nature.

Il ne peut non plus sans abus, connoître en cette matiere, de celles dont les édits & les ordonnances du Prince attribuent la connoissance aux Juges Royaux. *In quantum verò ordinatur ad bonum politi-*

____

(*a*) *Oportet quod subjaceat regimini Ecclesiastico.* S. Thom. *lib.* 4°. *contrà gentes. cap.* 78°.

cum

cum subjacet (matrimonium) ordinationi civilis legis. (a)

M A X I M E II.

Il y a abus, si l'Official ordonne la preuv des promesses de Mariage par témoins, ou par serment.

Les promesses de Mariage sont solemnelles, ou simples. Elles sont solemnelles, lorsqu'elles sont accompagnées de certaines formalités prescrites par les ordonnances, & établies par l'usage des lieux. Elles sont simples, lorsqu'elles sont destituées de ces formalités.

Les promesses de Mariage étant simples, & l'un des promis les déniant, l'Official ne peut sans abus en ordonner la preuve par témoins, ou par serment, quand même l'une des deux parties allégueroit, que l'habitude charnelle en auroit suivi. C'est la disposition de l'article 7. de la déclaration du Roi du 26 Novembre 1639.

» Défendons à tous Juges, même à » ceux d'Eglise, de recevoir la preuve » par témoins des promesses de Mariage,

____

(a) S. Thom. *lib.* 4°. *contrà gentes. cap.* 78.

» ni autrement que par écrit, qui soit
» arrêté en préfence de quatre proches
» parens de l'une ou de l'autre des par-
» ties, encore qu'elles foient de baffe
» condition. «

Si les promeffes font fous fignature
privée; conformément à la difpofition de
cet article, l'Official ne peut fans abus,
les déclarer tenues pour reconnues;
parce qu'il eft requis, pour qu'elles foient
valables, qu'elles foient faites en préfence des principaux parens des deux parties, ou de l'une d'elles.

L'abus feroit plus formel encore,
fi l'Official déclaroit valables les promeffes de Mariage entre perfonnes,
même *fui juris*, faites par écrit qui ne
feroient fignées que de l'une des parties.

Car la matiere du Sacrement de Mariage eft le confentement mutuel de
l'homme & de la femme. *Si inter virum &
mulierem legitimus confenfus interveniat....
ita quod unus alterum mutuo confenfu verbis
confuetis expreffo recipiat.* Or, ce confentement refpectif n'étant point exprimé
dans ces promeffes, l'Official ne doit y
avoir aucun égard, parce qu'il ne renferme point ce qui doit effentiellement
faire la matiere du Sacrement.

L'Official dérogeroit donc en ce cas aux saints décrets , il contreviendroit également aux arrêts des Parlemens , dont la Jurisprudence a constamment déclaré nulles & sans aucun effet, telles promesses non respectives, & faites seulement par l'une des parties à l'autre, si l'Official y avoit égard.

Il en seroit ainsi du refus que l'une des parties feroit à l'autre, d'effectuer les promesses de Mariage qu'elles se seroient respectivement faites.

Le Mariage étant la chose qui intéresse le plus ceux qui le contractent, les loix de toutes les Nations ont établi avec sagesse, que pour s'y engager, il falloit la plus grande liberté.

Neque matrimonium , disoient les Jurisconsultes Romains, *ab initio contrahere, neque dissociatum reconciliare quisquam cogi potest ; liberam enim facultatem & contrahendi, & distrahendi matrimonii ad necessitatem transferri oportere , rectè constitutum est.* (a)

Le droit canonique a une disposition semblable.

Requisivit à nobis tua fraternitas , quâ

______
(a) *L. 14. c. de Nuptiis.*

censurâ mulier compelli debeat , quæ jurisju-
randi religione neglectâ nubere renuit , cui se
nupturam interposito juramento firmavit : ad
quod b. r. quod cum libera debeant esse matri-
monia , monenda est potiùs quàm cogen-
da. (*a*)

Si l'un des promis refuse donc d'effectuer les promesses de Mariage , sur le
seul changement de volonté , sans autre
cause , quoiqu'elles ayent été faites librement, la cause portée pardevant l'Official, il ne peut sans abus.

1°. Ordonner que le refusant accomplira les promesses. Il ne peut connoître que de leur validité , de leur existen-
ce , & *pro fide fractâ,* comme disent les
Canonistes, condamner aux dépens & à
l'aumône , celle des parties qui refuse de
les accomplir.

2°. Il ne peut ordonner que le refusant
les accomplira , sous peine d'excommunication.

3°. Qu'il sera amené sans scandale &
emprisonné. Cela est expressément défendu par l'art. 17. du tit. 10. de l'ordonnance de 1670.

» Défendons à tous nos Juges , même

______

(*a*) *Cap. Requisivit* 17°. *extrà de spons.*

» des Officicialités , d'ordonner qu'au-
» cune partie soit amenée sans scan-
» dale. «

4°. Qu'il payera les dommages & intérêts que la partie plaignante a droit d'exiger en pareil cas.

5°. Qu'il payera la peine conven-
tionnelle , s'il y en a une stipulée par les
promesses.

Les promesses des mineurs entraînent
plus de difficultés.

Il est hors de doute que le Prince ne
puisse établir des empêchemens qui rendroient des mariages nuls de droit. L'E-
glise l'a reconnu en prescrivant aux fidéles de se soumettre à ses loix sur cette
matiere. Le premier Concile de Latran
défend expressément de contracter des
mariages au mépris de ces mêmes loix.
Conjunctiones consanguineorum fieri prohibe-
mus , quia eas divinæ & sæculi leges prohibent.
Can. 5°.

Ainsi, les ordonnances du royaume,
& singuliérement celle de Blois, article
40. la déclaration du 26 Novembre
1639. & l'édit du mois de Mars 1697.
déclarant les mariages des mineurs non
valablement contractés , s'ils n'ont été
autorisés de leurs peres & meres, ou tu-

Q iij

teurs ; l'Official ne peut sans abus, permettre d'assigner un mineur pardevant
lui en reconnoissance des promesses qu'il
auroit faites, sans le consentement de
ceux au pouvoir de qui il est.

Sur la simple défense proposée de mi-
norité, l'Official doit sans autre instruction, prononcer la nullité des promesses.

C'est pourquoi, il ne peut encore sans
abus, appointer les parties ; il le pourroit encore moins, si le tuteur ou le
pere se constituoient demandeurs en
rapt.

Cette demande, quoiqu'indécente,
fait cesser toute procédure devant le
Juge d'Eglise, il ne peut passer outre
sans abus, il doit attendre l'instruction
& le jugement du rapt, pour prononcer
sur les promesses.

Si les promesses étoient faites avec
l'autorité du tuteur, l'Official pourroit
en ce cas permettre d'assigner le mineur ;
mais si le mineur alléguoit le refus de
son tuteur, d'effectuer les promesses ausquelles il auroit consenti, l'Official ne
pourroit sans abus, décerner une citation
contre le tuteur, attendu que ne connois-
sant des promesses que *quoad fœdus*, il
n'a pour justiciables en cette cause, que

ceux qui doivent contracter le mariage. Les parties doivent alors se pourvoir devant le Juge Royal.

De-là il suit, que toutes promesses de Mariage qui ne tendent pas directement, *ad fœdus*, c'est-à-dire, qui ne sont pas faites par les parties qui doivent contracter, ne sont pas de la compétence du Juge d'Eglise.

Un homme, conséquemment, ne peut traduire ni actionner en Cour d'Eglise, une fille en accomplissement de promesses de Mariage, que ses pere & mere, ou son tuteur, lui auroient faites sans sa participation; & il y auroit abus, si l'Official ne renvoyoit les parties devant le Juge Royal, pour être réglées sur leurs faits.

Il faut observer que, quoique l'Official ne doive, ni ne puisse ordonner l'exécution des promesses de Mariage, dès que par une volonté réfléchie & déterminée, l'une des parties refuse de les exécuter, soit que les motifs qui l'ont ainsi déterminée soient raisonnables & permis par les loix, soit qu'il n'y ait qu'un simple changement de volonté; il importe cependant à l'Official de prendre connoissance de ces motifs, pour pouvoir prononcer sur ces promesses.

S'ils font propofés comme faits incidens, & comme exception, il en eft juge compétent.

S'ils font au contraire propofés comme caufe principale, & par voie d'accufation, il ne peut fans abus en connoître.

Tels peuvent être ces faits.

L'une des parties allégue que depuis les promeffes, l'autre a eu un commerce illicite avec une autre perfonne.

Une infcription en faux contre ces promeffes.

On allégue que ces promeffes ont été extorquées par force & par violence.

Dans le cas où l'Official peut connoître de ces faits, il doit en ordonner la preuve fommaire, avant de prononcer fur la demande en accompliffement de promeffes.

Mais il faut obferver que généralement toute queftion incidente eft, *ejufdem vel diverfi fori.* Celle-ci étant de cette derniere nature, & ne pouvant être propofée que comme exception, l'Official ne peut

1°. Prononcer fur cette caufe fans abus, s'il ne fait droit fur le principal en même tems.

2°. Il doit dans fon prononcé dire

fans s'arrêter, & ne pas motiver la fentence du fait excepté.

3°. Il ne peut , fans abus, connoître
de l'exception , fi la caufe principale
peut indépendamment d'elle fe juger. Il
doit pour lors la rejetter fans examen.

Sur le premier fait, s'il n'y a preuve,
l'Official ne peut, fans abus, ordonner
que la fiancée fera vifitée , pour fur le
rapport des Chirurgiens, ou des Matrones , touchant l'intégrité de la fille , ou fa
défloration, faire droit fur le moyen du
fiancé qui propofe fon commerce illicite
avec un autre. Les Médecins & les Chirurgiens anatomiftes penfent que , *om-*
nia figna quibus virginitatem puellarum de-
prehendere fatagunt obftetrices , vel fallacia
funt vel nulla , quatenùs virginitas fumi-
tur pro quâdam muliebrium vaforum integri-
tate nullâ conjunctione virili maculatâ ; ita
ut ex illis fignis virginem fuiffe corruptam
firmari non poffit , nempè per hymenis dis-
ruptionem , per viarum latitudinem , per ori-
ficium vulva magis vel minus tenfum , &
fimilia.

D'ailleurs, ces preuves étant honteufes
& allarmant toujours la pudeur , elles
font abfolument rejettées.

L'Official, ne peut pas non plus fans

abus, ordonner que le fiancé sera visité, sur le moyen d'impuissance, s'il est allégué par la fille. Telle visite n'est nécessaire que lorsqu'il faut prononcer sur la validité du mariage déja contracté.

Maxime III.

Il y a abus, si l'Official reçoit les oppositions ou aux promesses de Mariage, ou à la célébration du Mariage, faites par d'autres personnes que celles qui peuvent contracter avec l'une des parties.

De la maxime établie par le Droit & par la Jurisprudence des arrêts des Parlemens du royaume, que les Juges d'Eglise ne peuvent connoître des causes de Mariage, *nisi de fædere contrahendo, vel dissolvendo*, ou autres empêchemens canoniques, pour raison d'affinité ou de parenté, il suit incontestablement, que les oppositions aux promesses solemnelles, ou à la célébration des Mariages, formées par toutes autres personnes que celles qui ont contracté, ou qui prétendent avoir contracté des engagemens pour ce lien, ne peuvent & ne doivent être portées pardevant le Juge d'Eglise.

Ainsi, l'Official ne peut sans abus,

connoître des oppofitions formées par des peres, meres, freres, tuteurs, aux promeffes ou à la célébration du Mariage de leurs enfans, pupilles, ou freres.

Il y auroit également abus, fi fur des oppofitions de cette nature, & dont le Juge Royal feroit faifi, l'Official paffoit outre, & ordonnoit, foit la publication des bans, foit la célébration du Mariage.

C'eft la Jurifprudence du Parlement de Paris, établie fur plufieurs arrêts, & finguliérement fur un du 7 Janvier 1709. rendu fur les conclufions de M. Joli de Fleury, Confeiller d'Etat, alors Avocat Général, & fur un autre rendu en forme de réglement le 18 Mars 1733. dans lequel il eft fait défenfes à l'Official de Paris, de connoître des oppofitions à la publication des bans, & à la célébration des Mariages, autres que celles où il peut être queftion de promeffe ou engagement de Mariage, & d'ordonner par provifion la publication des bans, avant qu'il ait été ftatué fur les oppofitions.

MAXIME IV.

Généralement parlant, il y a abus, fi l'Official donne des difpenfes de publication de bans.

Avant que les Parlemens euſſent limi-té l'article 40 de l'ordonnance de Blois, qui porte, » qu'on ne pourra obtenir » diſpenſe, ſinon après la premiere pu-» blication, aux mariages des mineurs. « Les Juriſconſultes agitoient, ſi les Evê-ques, ou ceux qui exercent leur juriſ-diction, pouvoient diſpenſer, même des majeurs, de la proclamation des trois bans.

Sur cette queſtion décidée aujour-d'hui, il faut obſerver.

1°. Que, quoique l'Official ſoit Juge des cauſes de mariage, il n'eſt pas ce-pendant de ſa compétence de donner des diſpenſes de bans ; ces ſortes de diſ-penſes ſont de la juriſdiction volontaire de l'Evêque, & l'Official n'exerce que la contentieuſe ; ainſi, généralement par-lant, l'Official commettroit abus, s'il donnoit de ces diſpenſes.

2°. Que l'Official, dans les Diocèſes où les Parlemens tolérent qu'il don-ne ces diſpenſes, doit ſe conformer à l'article 40. de l'ordonnance de Blois que nous venons de citer. Suivant ſa diſpoſition, l'Official, ni même l'E-vêque, ne peuvent ſans abus, diſpen-ſer des trois publications le mariage en-tre mineurs.

3°. Qu'il y auroit abus dans les difpenfes données aux mineurs, s'il n'y avoit
caufe légitime, & fi elles n'étoient de-
mandées, conformément à l'ordonnance
de Blois & à la difpofition de celle de
1639. par les plus proches parens.

MAXIME V.

La clandeftinité dans les mariages des
mineurs, provenant du défaut de confentement des pere, mere, tuteurs &
curateurs, de publication de bans, &
de la bénédiction en face d'Eglife avec
les folemnités requifes par les ordonnances, donne lieu à l'appel comme d'abus
de la célébration de ces mariages.

MAXIME VI.

L'Official eft incompétent pour connoître de la féparation d'une femme ma-
riée à un fecond mari, pendant la vie du
premier.

Du principe établi en France par la
déclaration de Charles VI. du 5 Mars
1388. que l'Official ne peut fans abus,
connoître du crime d'adultere, entre
Laïcs; il fuit néceffairement qu'il eft

Juge incompétent pour connoître de la féparation d'une femme d'avec un fecond mari, le premier vivant.

Car il ne peut être queftion en ce cas, s'il y a mariage ou s'il n'y en a pas. Le lien de ce contrat ne peut fe réfoudre que par la mort de l'un des deux conjoints, *quos Deus conjunxit homo non feparare potuit.*

Cette feconde union, le premier mari vivant, n'eft donc qu'un adultere ; la femme ne feroit point à elle, elle ne feroit point libre ; le lien qui l'attacheroit à fon premier mari ne feroit point rompu , puifqu'on le fuppofe encore vivant.

De-là il eft évident que cette femme ne pouvoit contracter, parce qu'elle ne pouvoit donner ce qui fait effentiellement la matiere de ce Sacrement. N'étant donc pas queftion, *de Sacramento & de fœdere*, mais d'une caufe purement perfonnelle, l'Official ne peut fans abus, connoître de la conteftation.

C'eft-à-dire , que l'Official n'eft pas competant pour connoître.

1°. De l'action que le premier mari a contre fa femme, parce que ce mari ne peut troubler ce fecond prétendu maria-

ge, que par la voie de réintégrande contre ce second mari, & par l'appel comme d'abus de la célébration de ce mariage. Ces deux actions font du reſſort du
Juge Royal; l'Official ne pourroit ſans
entrepriſe les attirer à ſon Tribunal.

2°. Suivant les maximes de tous les
Tribunaux du royaume, le Promoteur,
ſous prétexte qu'il y a des empêchemens
dirimans dans un mariage célébré, ne
peut le troubler s'il eſt paiſible & concordant; l'Official commettroit abus, s'il
répondoit une requête tendante à cette
fin.

Bardet, rapporte deux arrêts du Parlement de Paris du 12 Mai 1633. & du
7 Juin 1636. Autre arrêt du même Parlement du 16 Février 1673. dans le Journal du Palais, ſur la Juriſprudence deſquels nous établiſſons cette maxime.

C'eſt comme Paſteurs, que la déclaration du 15 Juin 1697. permet aux
Evêques de pourſuivre ceux qui auront
été mariés par d'autres Prêtres que par
leur propre Curé, pour leur faire réhabiliter leur mariage ; mais il n'eſt point
queſtion dans ce cas d'exercice de juriſdiction contentieuſe, & la déclaration
n'attribue aucune connoiſſance de ce fait

aux Officiaux, elle le déclare au contraire de la compétence des Procureurs du Roi, en les chargeant d'office d'obliger les parties de recourir à l'Evêque.

Par conséquent, le Promoteur ne pouvant en aucun cas, troubler un mariage fait avec les formalités prescrites par les canons & par les ordonnances; l'Official ne peut non plus répondre une requête qui tendroit à cette fin, & procéder.

Maxime VII.

L'Eglise & le Prince ayant également intérêt que les mariages n'ayent rien de contraire aux loix de l'Evangile, aux régles de la bienséance naturelle, & au bien général de l'Etat; l'un & l'autre peuvent régler les conditions, & déterminer celles sans l'observation desquelles on ne peut le contracter valablement.

Ainsi, il y a lieu à l'appel comme d'abus de la célébration du mariage de toutes les personnes, même *sui juris*, qui l'ont contracté au mépris des empêchemens dirimans, ou conditions irritantes, mises par l'Eglise, & par le Prince.

Maxime

M a x i m e   VIII.

Si l'Official pour cause d'impuissance, prononce la dissolution d'un mariage célébré, il y a abus, à moins qu'auparavant il n'ait ordonné la visite prescrite en pareil cas.

Les premieres plaintes de deux personnes mariées, sur leur impuissance respective, ou sur celle de l'une des deux, ne doivent pas opérer d'abord la dissolution de leur mariage. L'Official, qui est juge compétent en cette matiere, doit y prodéder selon les formes prescrites par les canons & par les ordonnances du royaume.

Ainsi, lorsque la femme demande la dissolution de son mariage, parce que le mari, comme dit le Droit, *non attulit nuptiis id undè sunt nuptiæ*, l'Official doit ordonner que visite sera faite.

Quand même le mari conviendroit de son impuissance, l'Official, ne peut sans abus, prononcer la dissolution qu'après la visite, conformément à la décretale d'Honoré III. *Cap. litteræ 7ᵒ. Ex. de frig. & malef.*

Il est des cas où la visite du mari seul

ne fuffit pas, fi la femme eft accufée d'impuiffance, *propter nimiam arctitudinem,* ou à caufe d'autres défauts ; dans ces cir-conftances, l'Official commettroit abus, s'il prononçoit fans avoir ordonné la vifite de la femme ; parce que dans tous les cas, les parties pourroient fur de faux allégués, frauder la loi, & faire diffou-dre un mariage qui feroit légitime.

Il faut remarquer que la décrétale de Céleftin III. *Laudabilem 5°. extra, de frig. & malef.* n'eft point obfervée en France, & que fi l'impuiffance de l'un des deux mariés eft évidente & manifefte, l'Of-ficial ne peut fans abus, prolonger & différer la diffolution de leur mariage. Il doit prononcer dans l'inftant que ce dé-faut eft conftaté par le rapport des Ex-perts. La cohabitation, difent nos Jurif-confultes, non-feulement n'eft pas né-ceffaire en ce cas, mais elle feroit inju-rieufe aux parties, en les expofant à une expérience toujours inutile. *Quia in claris non eft opus conjecturis, & fruftra ex-pectatur tempus cujus nullus eft futurus even-tus.*

Quant à l'impuiffance apparente & vraifemblable, douteufe ou préfompti-ve, l'Official ne peut fans abus, négliger

de fuivre les conftitutions de l'Eglife
reçues en France , qui ordonnent la pro-
longation & les autres précautions &
formalités , avant de prononcer la diſſo-
lution du mariage.

Les Chirurgiens, les Médecins & les
Matrones, font les perſonnes qui doivent être commiſes pour faire la viſite
des mariés dans les cas dont il eſt queftion ; l'Official doit s'en rapporter à leur
dire ſans autre recherche ; il y auroit abus,
s'il ordonnoit le congrès, ou quelqu'autre preuve honteuſe. (*a*)

Maxime IX.

Il y a abus, ſi l'Official prononce la
ſéparation *à thoro* , ſous prétexte d'un
empêchement prohibitif, dans un mariage paiſible & concordant.

Conféquemment à la maxime que
nous avons établie ſur l'incompétence
du Promoteur & de l'Official, pour pouvoir troubler un mariage paiſible & concordant, ſous prétexte d'empêchemens
prohibitifs, il y auroit abus, ſi pour raiſon d'affinité ou conſanguinité reconnue

(*a*) Le Parlement de Paris a aboli toutes ces
preuves, par ſon Arrêt de Réglement du 18 Février 1677.

par les mariés après leur mariage , &
pourfuivant difpenfe de ces empêchemens , ou pour autre caufe , l'Official
ordonnoit par fentence la féparation *à
thoro* , ou défendoit l'habitation de corps.
Le Tribunal de la Pénitence eft le feul
endroit en ce cas où l'Eglife puiffe exercer fa jurifdiction.

Fevret eft d'un avis contraire , (*a*)
fondé fur un arrêt du Parlement de Paris du 19 Juillet 1588. mais il paroît
que ce qui a fait l'erreur de cet Auteur
fur ce point, c'eft qu'il n'a pas bien
examiné ni connu quel étoit le mo-
fif de cet arrêt. Il eft certain que le
Parlement déclara nul & abufif le jugement de l'Official qui ordonnoit aux
appellans de fe féparer de corps , non-
feulement, comme l'a cru Fevret, parce
que l'Official n'avoit pas des preuves
concluantes de leur parenté dans le dé-
gré prohibé , mais parce qu'il avoit prononcé fur une caufe qui n'étoit pas de fa
compétence.

(*a*) Liv. 5. ch. 4.

Maxime X.

Citations devant l'Official abusives *in casu*.

Rati matrimonii & incœpti per consommationem :

Deflorationis puellæ ;

Susceptionis partûs ;

Et alimentorum aut dotis.

Depuis l'ordonnance de Blois on ne tolere point en France les mariages présumés. L'affection maritale, la commune habitation, les noms de mari & de femme, avoués même publiquement, ne produiroient qu'un concubinage honteux & public, & d'autant plus punissable, qu'il feroit une marque de mépris du Sacrement de Mariage, & des cérémonies & solemnités que l'Eglise a établies pour fa célébration.

C'est pourquoi, si une fille après avoir vêcu dans cette honte avec un homme libre, prétendoit, fous le prétexte qu'ils s'étoient promis & donnés fécrettement l'un & l'autre la foi de mariage, l'actionner pour demander confirmation de ce mariage, ou pour s'oppofer à la célébration d'un autre mariage qu'il voudroit contracter dans les formes ; la cause ne pourroit être portée au Tribunal de l'Official, & l'Official ne pourroit conséquemment sans abus, donner des citations, & ordonner des procédures.

Les Arrêtistes, comme Servin, (*a*) Tournet, (*b*) & autres, & Fevret, (*c*) rapportent plusieurs arrêts de différens Parlemens qui établissent une jurisprudence constante sur cette matiere, & conforme à cette maxime.

Conformément à la disposition des premier, second & troisiéme articles de l'ordonnance de François I. du premier Août 1539. la jurisdiction des Officiaux sur les Laïcs ne s'étend qu'à ce qui regarde les Sacremens : or, de ce principe que nous avons établi dans plusieurs maximes, il suit que toutes les questions de fait & les causes personnelles des Laïcs, ne sont point du ressort des Juges d'Eglise.

Ainsi, l'action qu'une fille séduite, & qui avoueroit la perte de sa virginité, celle d'une autre fille dont la grossesse & l'accouchement seroient la suite de

(*a*) Tom. 1, 2 & 3.
(*b*) Lett. C. n. 18.
(*c*) Liv. 5. ch. 5.

fon commerce, ne pourroient être portées devant l'Official, foit pour obtenir
des dommages & intérêts en forme de
dot, foit pour faire ordonner une penfion alimentaire au profit de l'enfant,
quand même on produiroit des promeffes de Mariage. Toutes citations faites en
pareil cas par l'Official feroient abufives.

On trouve dans Chopin, dans Fevret,
& dans les Canoniftes modernes, grand
nombre d'arrêts de différens Parlemens
du Royaume, qui difent y avoir abus
dans les jugemens des Officiaux rendus
fur ces matieres. C'eft aujourd'hui une
Jurifprudence univerfelle.

MAXIME XI.

Citations devant l'Official abufives,
*in cafu mala tractationis, & adhæfionis ma-
rito, & vice versâ.*

Il n'eft que trop ordinaire de voir des
mariages dans lefquels le Sacrement eft
le feul lien qui unit le mari & la femme ;
l'un ou l'autre manquent rarement de
fujets de plaintes ; tantôt c'eft la conduite de l'époufe, qui n'eft pas dans les termes de la pudeur & de l'honnêteté ;
tantôt, & le plus fouvent, l'époux eft
juftement accufé de bifarrerie, d'humeur

brutale & infociable, d'avarice fordide, ou de débauche outrée.

De-là naiffent les clameurs, le trouble, les mauvais traitemens que le mari fait à fon époufe.

Or, ce n'eft point aux Juges d'Eglife à connoître de ces faits ; la paix des mariages regarde la police civile , & eft du reffort du Juge Royal. Conféquemment il y auroit abus , fi l'Official décernoit une citation contre l'un des époux , pour répondre à fon Tribunal fur les faits de mauvais traitemens , ou s'il en informoit & prononçoit une fentence.

Quelquefois il arrive que l'époufe s'évade , & va dans le fein de fa famille , ou ailleurs , fe mettre à l'abri des emportemens de fon mari, ou y porter des plaintes pour juftifier fa mauvaife conduite.

Dans ce cas , l'Official ne peut connoître de l'action que le mari a contre fa femme, pour l'obliger à rentrer dans fa maifon, & à habiter avec lui. Il en feroit de même de l'action que la femme auroit contre fon mari pour l'obliger de retourner à elle.

Dès que l'Official n'a pû connoître des caufes qui ont occafionné le divorce & la fuite de la femme, il ne peut non plus ordonner ſon retour & l'adhéſion.

Il faut cependant obſerver qu'il y a des cas où l'adhéſion étant demandée incidemment, l'Official peut l'ordonner.

1°. Lorſqu'un des époux forme oppoſition à la publication des bans & célébration d'un mariage nouveau, que l'autre époux voudroit contracter au mépris de celui qui eſt entre eux. L'Official, en prononçant ſur la validité du ptemier mariage, peut ordonner l'adhéſion qui en eſt une ſuite naturelle.

2°. Lorſque de front l'un des époux demande la nullité de ſon mariage, ou lorſqu'il s'oppoſe à la demande en nullité de mariage. S'il n'y a nullité, l'Official peut ordonner l'adhéſion.

3°. Sur la demande de réhabilitation à cauſe de quelques nullités dans la célébration du mariage, l'Official en faiſant droit ſur la demande de réhabilitation, peut ordonner l'adhéſion ſur la demande incidente qui en ſeroit faite.

M A X I M E XII.

L'Official ne peut être arbitre ſans abus, des cauſes de mariage pendantes à ſon Tribunal.

Les caufes de mariage, *de fœdere*, étant de l'intérêt public, & de celles qui concernent l'état & la condition des perfonnes, les loix du Prince défendent d'en compromettre.

L'Official, ne peut donc fans abus, recevoir des parties des propofitions d'accommodemens, ni terminer la conteftation par expédiens amiables, & par fentence arbitrale.

S'il n'étoit queftion que de fimples promeffes de Mariage, la caufe portée pardevant le Juge Royal, il pourroit à ce Tribunal intervenir une fentence arbitrale, parce que ces promeffes fe réfolvent en dommages & intérêts, fur lefquels le Juge Royal, & non le Juge Eccléfiaftique, peut compromettre.

CHAPITRE IX.

Des cas où il y a abus dans les Procé-
dures des Officiaux , touchant les
preuves par la voie des Monitoires ,
en matieres civile & criminelle.

MAXIME I.

QUOIQUE l'Eglise use de l'excommunication , moins comme une peine
que comme un reméde , elle ne la prononce cependant jamais qu'après avoir
mis en usage toutes les autres voies que
la douceur de l'esprit saint qui la con-
duit lui inspire , pour ramener à la vertu
ceux qui doivent lui obéir.

Le Monitoire est le préparatoire de
cette censure terrible ; les Officiaux qui
en sont les dépositaires , ne peuvent
donc , sans s'éloigner des vûes de l'Eglise,
user indifféremment & sans beaucoup
de circonspection de ce préparatoire , qui
par lui-même doit inspirer une grande
crainte.

Nos Rois, comme Princes Très-Chrétiens , ont envisagé ces sortes de moyens

pour découvrir des preuves comme extrêmes & de grande importance. Suivant la disposition de leurs ordonnances, il n'est permis aux Juges d'Eglise d'accorder des monitoires que dans des cas de crimes & de scandale public. C'est celle de l'article 18. de l'Ordonnance d'Orléans, & de l'article 26 de l'Edit de 1695.

Les canons, dont l'esprit est d'éviter tout ce qui pourroit conduire au mépris des choses saintes & de l'autorité de l'Eglise, défendent également aux Officiaux de permettre de publier ces monitoires, si ce n'est qu'on ne puisse pas avoir des preuves par les voies ordinaires, & pour des choses graves & importantes. (a)

Les monitoires peuvent être donnés & publiés, tant en matiére civile que criminelle.

Ils peuvent être aussi donnés & publiés en l'une & l'autre de ces matieres, mal à propos à plusieurs égards, & dès lors il y a abus.

L'abus peut venir de différens chefs.

_____

(a) Le Concile de Trente, & celui de Sens *in decret. Mor. cap.* 31.

1°. Du défaut de puiſſance de la part de ceux qui les accordent.

Nous avons dit qu'en France les Evêques étoient obligés de faire exercer leur juriſdiction contentieuſe par des Of-ficiaux, exceptés ceux qui ſe ſont con-ſervés dans l'uſage de l'exercer par eux-mêmes, & auxquels les Parlemens le permettent.

Ordonner des monitoires, c'eſt un acte de la juriſdiction contentieuſe, ainſi il y auroit abus, ſi des Evêques, outre ceux que nous venons d'excepter de la réglé générale, en donnoient; cette commiſſion eſt abſolument réſervée à l'Official. C'eſt la juriſprudence de tous les Parlemens du royaume, fondée ſur l'article 2. de l'ordonnance criminelle de 1670. tit. 7.

M A X I M E II.

2°. Pour raiſon de l'expédition des monitoires.

Dans les matieres, tant civiles que criminelles, qui ne ſont point de la com-pétence de l'Official, il ne peut, ſans abus, ſur la ſimple requiſition des par-ties, accorder des monitoires; il faut une ordonnance du juge pardevant lequel la cauſe eſt pendante.

Il faut cependant obſerver que dans le cas de duel, l'ordonnance du Juge Royal n'eſt pas néceſſaire pour que l'Official puiſſe permettre de publier un monitoire, conformément à l'article 23 de l'Edit ſur les duels de 1679. Les Officiaux ſont tenus d'en décerner ſur la ſimple réquiſition des Procureurs Généraux ou de leurs Subſtituts.

Cet article porte : » que ſi nonobſtant » tous les ſoins & diligences preſcrites » par les articles précédens, le crédit & » l'autorité des perſonnes intéreſſées dans » les crimes, en détournoient les preu- » ves par menaces ou artifices ; nous » ordonnons que ſur la ſimple requiſition » qui ſera faite par nos Procureurs Géné- » raux ou leurs Subſtituts, il ſoit décerné » des monitoires par les Officiaux des » Evêques des lieux, leſquels ſeront pu- » bliés & fulminés ſelon les formes cano- » niques, &c. «

Maxime III.

3°. Pour le ſtile & la forme.

Soit que la cauſe pour laquelle le monitoire eſt ordonné ſoit pardevant le Juge d'Egliſe , ſoit qu'elle ſoit pardevant le Juge royal ; le monitoire doit être expédié purement & ſimplement , ſelon la forme preſcrite par les canons & les ordonnances du royaume.

La clauſe *citetis apponentes* , quand même elle ſeroit ſuivie de ces mots , *fori noſtri* , ſeroit abuſive , parce que les oppoſitions doivent ſe terminer dans le tribunal où la cauſe eſt portée , & l'on n'a pas égard ſi les oppoſans ſont eccléſiaſtiques ou ſéculiers.

La clauſe *niſi cauſam* , ſeroit également abuſive , parce que les Juges d'Egliſe par-là s'arrogeroient indirectement le droit de connoître des cauſes jugées en Cour ſéculiére.

Bouchel , dans ſa Bibliothéque Canonique , rapporte pluſieurs arrêts de différens Parlemens , qui l'ont ainſi jugé. *(a)*

Suivant ce même principe , la clauſe *uſque ad ſatisfactionem* , eſt également abuſive , ſur tout ſi la cauſe eſt pendante en Cour ſéculiere , l'Official en ce cas n'eſt que ſimple Miniſtre & exécuteur de la ſentence ou commiſſion du Juge laïc qui

____

(a) Au mot abus.

ordonne l'expédition du monitoire, &
il ne peut connoître, ni prononcer sur
les caufes du monitoire, ce qu'il feroit par
cette claufe, *refpuit*, dit Chopin, *noftra
civilis philofophia claufulas aliquas quæ Pon-
tificiis refcriptis interferuntur, eam maxime quæ
concipitur, ufque ad fatisfactionem, contra
quam pro provocante ab eâ velut ab abufu
confcripti curia fæpe decreverunt.* (*a*)

Tels font les ufages de France fur cette
claufe & fur d'autres.

» Les monitoires ou excommunications
» avec claufe fatisfactoire, qu'on appelloit
» anciennement *fuper obligatione de nifi*, ou,
» *fignificavit*, comprenant les laïcs, & dont
» l'abfolution eft réfervée, *fuperiori ufque
» ad fatisfactionem*, qui font pour chofes
» immeubles, ou qui font contre les or-
» donnances du Roi & arrêts de fes Cours,
» font cenfées abufives. Mais eft permis de
» fe pourvoir pardevant l'Ordinaire, par
» monitions générales, *in formâ malefac-
» torum pro rebus occultis mobilibus & ufque
» ad revelationem duntaxat.* Et fi le laïc s'y
» oppofe, la connoiffance de fon oppofi-
» tion appartient au Juge Laïc, & non
» à l'Eccléfiaftique. Art. 23. des. Lib. de
» l'Egl. Gall. «

(*a*) L. 2. *de Sac. Polit. cap.* 4. *n.* 11.

Il

Il doit encore être fait mention expreſſe dans le monitoire de la date du jugement qui en ordonne l'expédition ; cette obmiſſion feroit un moyen d'abus.

Il y a encore abus, ſi les faits contenus dans le jugement qui ordonne l'expédition du monitoire, ne s'y trouvent énoncés, de même que s'il s'y en trouvoit d'autres qui ne feroient pas portés par le jugement.

C'eſt la diſpoſition de l'article 3. de l'ordonnance de 1670. au titre des monitoires. » Les monitoires ne contien-
» dront autres faits que ceux compris au
» jugement qui aura permis de les obte-
» nir, à peine de nullité, tant des mo-
» nitoires, que de ce qui aura été fait en
» conſéquence.

Il y a également abus, ſi les perſonnes font nommées ou déſignées dans le monitoire.

C'eſt une maxime du Droit canonique établie dans le Chapitre *ſi Sacerdos*, 2°. *extra de off. Jud. Ord.* La diſcipline des Egliſes de France y eſt conforme.

Epiſcopi aut eorum Officiales , quoties tales litteras monitorias conceſſerint, ipſi ſub-ſcribant , neque aliter niſi adjuncto ſigillo ordinarii admittantur à parochis, aliiſve qui bus exequendæ offeruntur , ita enim fiet ut falsæ aut confictæ pro veris non supponantur , nullo modo autem concedantur , si ex illarum tenore aut scandalum paretur , aut infamiam alicui nominatim offerant, aliterve pudicas aures offendant. (a)

L'article 4. de l'ordonnance de 1670. au titre déja cité , porte une disposition semblable. » Les personnes ne » pourront être nommées ni désignées » par les monitoires , à peine de cent » livres d'amende contre la partie , & de » plus grande s'il y échoit.

Les arrêts des Parlemens, conformément à ces régles , ont établis une jurisprudence constante sur ce point. Bardet dans son recueil (b) en rapporte un du Parlement de Paris, de 1625. Basnage, sur la Coutume de Normandie , tom. 1. en rapporte deux de celui de Rouen, l'un de 1653. & l'autre de 1676.

Maxime IV.

4°. De la publication des monitoires.

Il y a abus , si celui qui a obtenu le monitoire , ne s'adresse au Curé de la

(a) Concile de Bourges de 1584. tit 30. de *Jurisdict.*

(b) L. 2. ch. 48.

Paroiffe où il doit être publié, & s'il commet un fimple Prêtre pour faire cette publication.

Il faut cependant obferver que fi le Curé étoit fufpect, la partie, après avoir déduit fes raifons pardevant le Juge, pourroit lui demander qu'il commit tout autre Prêtre que le Curé pour la publication du monitoire; ou fi le Curé ayant été requis de faire cette publication, en avoit fait refus, la partie pourroit également fe pourvoir devant le Juge qui a accordé le monitoire, & demander qu'il commit un autre Prêtre pour le publier.

C'eft la difpofition de l'article 5 de l'ordonnance de 1670. tit. 7. " Les Curés " ou Vicaires feront tenus, à peine de " faifie de leur temporel, à la premiere " requifition, faire la publication du mo-" nitoire, qui pourra néanmoins, en cas " de refus, être faite par un autre Prêtre " nommé d'office.

Maxime V.

5°. De l'oppofition aux monitoires.

L'oppofition aux monitoires en fuf-pend la publication, & il y auroit abus, fi le Curé paffoit outre :

Mais l'oppoſition étant jugée, le Curé doit faire la publication nonobſtant l'appel , même comme d'abus, de la ſentence qui l'aura ordonnée ; & les Cours ſupérieures ne peuvent donner des défenſes, qu'après avoir vû les informations & le monitoire, & ſur les concluſions des Procureurs Généraux. C'eſt la diſpoſition de l'ordonnance de 1670. citée dans les deux maximes précédentes.

Article 9. titre. 7. » L'oppoſition ſera » plaidée au jour de l'aſſignation, & le » jugement qui interviendra exécuté » nonobſtant oppoſition ou appellation , » même comme d'abus. Défendons à nos » Cours, & à tous autres Juges de donner des défenſes ou ſurſéanſes de les » exécuter, ſi ce n'eſt après avoir vû les » informations & le monitoire, & ſur les » concluſions de nos procureurs : Déclarons nulles toutes celles qui pourroient être obtenues. Voulons, ſans » qu'il ſoit beſoin d'en obtenir mainlevée, que les arrêts, jugemens & ſentences ſoient exécutés, & les parties » qui auront préſenté requête à fin de » défenſes ou ſurſéances, & les Procureurs qui y auront occupé , condamnés chaçun en cent livres d'amende,

» qui ne pourra être remise ni modérée,
» applicable moitié à nous, & moitié à
» la partie.

M a x i m e VI.

6°. Pour causes des monitoires.

Il y auroit abus, si le Juge d'Eglise, ou le Juge royal, accordoit permission de publier des monitoires, sans la réquisition du Promoteur, ou sans celle du Procureur du Roi dans les Justices Royales, & dans les Justices des Seigneurs, sans celle du Procureur Fiscal, pour cause légere, & pour détention de biens immeubles.

Telle est la disposition de l'Edit de 1695.

Article 26. » Les Archevêques ou Evê-
» ques & leurs Officiaux ne pourront
» décerner des monitoires que pour des
» crimes graves & scandales publics, &
» nos Juges n'en ordonneront la publi-
» cation que dans les mêmes cas, &
» lorsque l'on ne pourroit avoir autre-
» ment la preuve.

M a x i m e VII.

L'Official ne peut, sans abus, refuser le monitoire ordonné par le Juge Laïc.

Si la cause est du ressort de l'Official, & pendante à son tribunal, il peut refuser le monitoire, & mettre néant à la requête de la partie qui le demande ; mais il ne peut le refuser si la cause est devant le Juge séculier ; l'obtention du monitoire dans ce cas est de Justice ; & on pourroit, par saisie de son temporel, le contraindre de l'accorder.

Maxime VIII.

Il y a abus dans l'obtention des monitoires en Cour de Rome.

On ne peut en France se pourvoir en Cour de Rome pour y obtenir des monitoires, ou lettres monitoriales ; il y auroit également entreprise sur la jurisdiction des Ordinaires & sur celle des Juges Royaux.

CHAPITRE X.

*Des cas où il y a abus dans les Procé-
dures & dans les Jugemens des
Officiaux, en matiere civile.*

MAXIME I.

IL y a abus, si l'assignation pardevant
le Juge d'Eglise n'est libellée.

Conformément aux Ordonnances de
Louis XII. de 1512. & de François I. de
1539. il faut que les exploits donnés en
Cours séculieres & ecclésiastiques, contiennent expressément, sous peine de
nullité, le sujet de l'action, & les causes
de la citation ; *ut cognoscatur*, dit Fevret,
an sit judicis jurisdictio. (*a*)

La disposition de l'ordonnance de
1667. est encore plus précise à cet égard,
elle porte titre 2. article 1. que

» Les ajournemens & citations en
» toutes matieres & en toutes jurisdic-
» tions, seront libellées, & contien-
» dront les conclusions, & sommaire-

(*a*) Liv. 7. ch. 1.

S iiij

» ment les moyens de la demande , à
» peine de nullité des exploits , & de
» vingt livres d'amende contre les Huif-
» fiers , Sergens & Appariteurs.

Il y auroit donc abus dans la citation du Juge d'Eglife , fi elle n'étoit libellée.

Les Officiaux n'adreſſoient autrefois leurs commiſſions qu'aux Prêtres & aux Clercs non mariés ; quelques Officialités dans ce royaume prétendent encore avoir conſervé ce droit ; les Parlemens cependant déſaprouveroient aujourd'hui cette forme , & ils déclareroient abuſive une commiſſion adreſſée à un Prêtre ou à un Clerc , même *in minoribus* , pour faire une fignification juridique.

On obſerve que généralement les Of-ficiaux doivent fuivre dans l'ordre des procédures qui fe font pardevant eux , & dans leurs jugemens en matiere civile , tout ce qui eſt prefcrit par l'ordonnance de 1667. & pour les cas qui ne font pas prévus dans cette ordonnance , ou fur lefquels la jurifprudence des arrêts n'a point donné de régles , ils peuvent fuivre le ftile & les ufages particuliers de leurs Officialités.

Maxime II.

Il y a abus, si l'Official dans sa sentence prononce nonobstant *opposition* ou *appellation*.

L'Official ne peut prononcer, que sa sentence sera exécutée nonobstant opposition ou appellation, quand même se feroit une troisiéme sentence conforme aux deux premieres.

La voie de l'appel comme d'abus, est toujours ouverte à celui qui se croit lézé.

C'est d'ailleurs la disposition d'un arrêt de réglement, rendu au Parlement de Paris le 27 Mars 1687. rapporté dans le septiéme Volume des Mémoires du Clergé.

Maxime III.

Il y a abus dans la sentence de l'Official, du Métropolitain, ou du Primat, qui reçoit l'appel de déni de Justice de son Suffragant, de même que dans celle qui régleroit sa compétence.

Le 27 Août 1710. il fut jugé au Parlement de Paris par arrêt, qu'il y avoit abus dans la sentence de l'Official Primatial de Lyon , qui avoit reçu l'appel , qualifié de déni de justice de l'Official de Sens.

Cet arrêt fût rendu sur les conclusions de M. Joli de Fleury , pour lors Avocat Général ; ce grand Magistrat établit pour principe , que quoique les Officiaux exerçassent la jurisdiction contentieuse des Evêques , ils en tenoient cependant bien moins l'exercice des Evêques mêmes que du Roi , & que ses sujets conséquemment devoient se pourvoir pardevant lui ou ses Juges, par la voie de l'appel comme d'abus , lorsque les Juges d'Eglise refusoient de leur rendre justice.

Il en est ainsi , lorsque la compétence de l'Official lui est contestée ; il ne peut, sans abus , faire défenses aux parties de procéder ailleurs que devant lui ; ce qui a été jugé par deux arrêts du Parlement de Paris ; l'un du 5 Août 1710. & l'autre du 4 Avril 1722.

Cette jurisprudence est de tous les Parlemens du royaume ; elle est fondée sur ce que les Juges Royaux sont de droit commun considérés comme Juges de tous les sujets du Roi , que la présomption est en leur faveur, que s'il y a de l'entreprise de leur part sur la jurisdiction ecclésiastique, les Officiaux peuvent faire revendiquer les causes par les Promoteurs, & en cas de déni de renvoi, se pourvoir au parquet des Parlemens, à qui il appartient de juger sur la compétence des Juges inférieurs.

Il faut cependant observer qu'en matiere criminelle, conformément à un arrêt du 19 Mars 1735. rendu au Parlement de Paris, les articles 12 du titre 10. & 2. du titre 25. de l'ordonnance de 1690. qui portent que l'appel comme de Juge imcompétent, interjetté par l'accusé, n'arrêtent ni l'instruction, ni le jugement du procès, ont lieu pour les Cours d'Eglise.

M A X I M E IV.

Il y a abus, si l'Official connoît des causes dans lesquelles les Clercs sont demandeurs & les Laïcs defendeurs.

Conformément aux ordonnances du royaume, qui font sur ces matieres des loix irréfragables, & suivant la jurisprudence des Parlemens, le privilége de Clericature ne peut avoir lieu pour les choses qui sont même du ressort de l'Official, en matiere civile, que lorfque les Clercs font défendeurs.

Si le Clerc eft demandeur, la caufe doit être portée devant le Juge Laïc, le privilége du Clerc n'a plus lieu, *actor fequitur forum rei.* Cette maxime du droit doit avoir fon application à ce cas.

Cette ordre étoit établi dès l'an 1274.

Ordonnance de Philippe III. du mois de Novembre de cette année.

Et etiam eft contra Jura fcripta, fi Clericus agat contra Laicum, quod relinqui non debeat Laïçus foro fuo. (a)

Ordonnance de François I. du mois d'Août 1539.

Art. 1. » C'eft à fçavoir, que nous » avons défendu & défendons à tous nos » fujets de ne faire citer ni convenir les » Laïcs pardevant les Juges d'Eglife, ès » actions pures perfonnelles, fur peine » de perdition de caufe, & d'amende » arbitraire.

Art. 2. » Et avons défendu à tous Ju-» ges Eccléfiaftiques de ne bailler, ni » délivrer aucunes citations verbalement » & par écrit, pour faire citer nofdits » fujets purs Laïcs èfdites matieres d'ac-

(a) Conf. des Ord. § 1. tit. 4. de la Jurifd. Ecclef.

» tions pures perſonnelles, ſur peine auſſi
» d'amende arbitraire.

Les Ordonnances poſtérieures ont une
ſemblable diſpoſition.

MAXIME V.

L'Official ne peut, ſans abus, connoître des cauſes réelles ou mixtes, même entre Clercs, & concernant les fonds
& droits des eccléſiaſtiques.

Suivant la juriſprudence des Parlemens du royaume, établie ſur nos ordonnances, & ſingulierement ſur l'article 4 de celle du mois d'Août 1539. les
Officiaux ne peuvent connoître que des
matieres qui concernent les Sacremens,
la diſcipline eccléſiaſtique, la correction des mœurs, & des cauſes purement
perſonnelles entre les Clercs, ſur les
choſes qui peuvent convenir à la vie
clericale, cet article porte:

» Sans préjudice toutefois de la juriſ-
» diction eccléſiaſtique ès matieres de
» Sacremens, & autres pures ſpirituelles
» & eccléſiaſtiques, dont les Juges d'E-
» gliſe pourront connoître contre leſdits
» Laïcs, ſelon la forme de droit, & auſſi
» ſans préjudice de la juriſdiction tem-

» porelle & féculiere contre les Clercs
» mariés ou non mariés, faifans & exer-
» çeans états ou négociations, pour rai-
» fon defquelles iis font tenus & ont
» accoutumés de répondre en Cour
» féculiere, où iis feront contraints de
» ce faire, tant ès matieres civiles que
» criminelles.

Le Droit canonique n'a pas une difpofition différente. *Cap. ex transmiffâ 6°.
extra , de foro competenti.*

Non-feulement fuivant les loix du
royaume , l'Official ne peut connoître
des actions réelles des Clercs, pour leurs
héritages, arrérages de rentes, foit fon-
cieres ou autrement , non plus que des
actions mixtes, & qui concerneroient
des immeubles; mais encore il ne peut
connoître de celles qui font pour fonds
& droits réels eccléfiaftiques; elles doivent toutes être portées devant les Juges
Royaux, parce que , comme l'obferve
Fevret, (a) tout temporel du royaume,
étant fous la main, puiffance & autorité
du Roi, les Eccléfiaftiques, à raifon
defdits biens temporels, font tenus de
plaider devant les Officiers du Souve-

______

(a) Liv. 4. ch. 11.

ŗain. *Quorum eſt* , ajoûte cet Auteur, *de rei proprietate & poſſeſſione judicare , quæ in regis territorio ſita eſt.*

L'Edit de François I. que nous venons de citer, n'eſt pas la premiere loi qui ait déclaré l'incompétence des Juges d'Egliſe ſur toutes les actions réelles, même par rapport aux Clercs. Charles V. par ſon Edit du 8 Mars 1371. établit que ſes Officiers & ceux des Rois ſes Prédéceſ-ſeurs conſtamment ont jugé les différends de tous les ſujets du royaume , dans ces cauſes, privativement aux Juges d'Egliſe. Et conſéquemment à ce droit, que le Prince regarde comme un de ceux de ſa Couronne , à l'uſage & à la coutume de tous les tems , il fait défenſes aux Evêques , Archevêques & à leurs Officiers de connoître d'aucune action réelle & mixte , ſoit par rapport aux Clercs, ſoit par rapport aux fonds des Egliſes.

Carolus Dei gratiâ Francorum Rex. . . . quod licet ad nos & judices temporales, vaſ-ſallos noſtros & ſubditos , in eorum juriſdic-tionibus temporalibus & territoriis , cognitio omnium poſſeſſionum & actionum ac cauſa-rum realium , tam de jure & facto quam uſu , conſuetudine , & obſervantiâ notoriis ſolum in solidum pertineat & pertinere debeat, & de his nos & Prædecessores nostros Reges Franciæ fuerimus atque sumus in possessione & saisinâ & ab omni tempore.... absque eo quod aliqui Prælati seu judices Ecclesiastici virtute suæ jurisdictionis spiritualis in præjudicium jurisdictionis nostræ temporalis, de his cognoscere, aut se intromittere valeant seu debeant quoquo modo & absque eo quod idem Prælati & Judices Ecclesiastici ad possessionem vel saisinam, aut usum in contrarium proponendos vel allegandos fuerint sive sint aliquatenus audiendi vel etiam admittendi, pro ut plura arresta super hoc prolata dictus procurator noster asserebat & asseruit liquidius apparere; tamen gentes & Officiales dilectorum Archiepiscopi Senonensis.... seu quod plures ipsorum in Bailliâ Senonensi & ejus ressorto, virtute & autoritate jurisdictionum suarum spiritualium DE ACTIONIBUS REALIBUS, VIDELICET DE REI VINDICATIONE, PETITIONE HÆREDITATIS, INTERDICTIS POSSESSORIIS ACQUIRENDI ET RETINENDI AC RESTITUTORIIS ET DE CAUSIS RETRACTUUM HÆREDITAGIORUM, NEC NON DE REDDITIBUS ANNUALIBUS, ASSIDATIS VEL ASSISIS, SEU DEBITIS ET PETITIS SUPER HÆREDITAGIIS.... *qua circa nos jura & libertates jurisdictionis*

*risdictionis nostræ tomporalis , ut tenemur ,
servari volentes illæsa , vobis pro ut prædictam
curiam nostram ita super hoc deliberatione
diligenti extitit , ordinatum tenorem præsentium committimus & mandamus , quatenus
præfatis Archiepiscopo & Episcopis ac eorum
cuilibet ipsorum Officialibus Apparitoribus ,
gentibus, Promotoribus, commissariis, servien-
tibus & aliis suis... ex parte nostrâ ac sub
magnis pænis nobis applicandis injungatis ,
ut si necesse fuerit inhibeatis quibus libet , &
eorum cuilibet , serie præsentium injungimus
inhibemusve de casibus & actionibus realibus aliis superiùs declaratis.... de cætero
ampliùs cognoscere aut se intromittere quoquo-
modo præsumant.... quod si facere noluerint ,
aut plus debito distulerint , ipsos adhuc per
captionem & detentionem eorum temporalitatis , ac omnibus aliis viis & modis licitis
pro ut meliùs videritis & poteritis viriliter ac
debitè compellatis aut compelli faciatis.*

MAXIME VI.

L'Official ne peut , sans abus , prononcer sur le possessoire en quelque matiere que ce soit.

Ainsi toutes les causes qui regardent
le temporel , & celles où le spirituel se

trouve mêlé & avoir connexité avec le temporel, & dont la décifion dépend de la poffeffion, doivent, fuivant nos loix, être portées devant les Juges royaux.

C'eft la difpofition de l'Edit de Louis XI. du mois de Juin 1464. rendu en conformité de l'Ordonnance de Charles V. & des Edits des autres Rois.

Cet Edit porte : » Et en outre avons » ordonné & déclaré, ordonnons & dé-» clarons la connoiffance des cas poffef-» foires, mêmement en matiere de nou-» velleté prins & intentés pour occafion » des bénéfices & matiéres eccléfiafti-» ques, appartenir à nous & à nofdits Ju-» ges, fans ce qu'autres, pendant lefdits » procès poffeffoires, en puiffent, ne doi-» vent entreprendre aucune connoiffan-» ce, décerner commiffions, citations, » faire procès, n'ufer de fulminations, » ne d'autres excommunications, ne cen-» fures eccléfiaftiques, ne déterminations.

Les Edits poftérieurs, enregiftrés dans tous les Parlemens, ont une femblable difpofition ; la jurifprudence des arrêts rapportés dans les différens recueils que des Auteurs en ont donné, établit pour maxime conftante l'incompétence des Juges d'Eglife fur cette matiére ; les Papes l'ont avoué ; on trouve dans le grand Bullaire, & dans le 26ᵉ Chapitre des Preuves des Libertés de l'Eglife Galli-cane, deux bulles de Martin V. l'une de 1413. & l'autre de 1428. par lefquelles ce Pape reconnoît qu'en France le poffef-foire des bénéfices eft de la compétence des Juges Royaux, & non de celle des Juges eccléfiaftiques ; on trouve encore dans ce même chapitre une autre bulle d'Eugene IV. de 1432. dans laquelle il déclare que les bulles des Papes fur le poffeffoire des bénéfices n'ont lieu en France.

C'eft enfin le fentiment unanime de tous nos Canoniftes anciens & moder-nes.

Ifte proceffus. dit du Moulin, *erat abu-fivus quia in Regno Franciæ cognitio omnis poffefforii, vel quafi, etiam inter ecclefiafticos & de rebus quas vocant fpirituales, fpectat ad judicem fæcularem, non ex privilegio aliquo Papæ, fed jure proprio.* (a)

Loifeau n'eft pas moins précis. *In fpiritualibus,* dit-il, *Ecclefiafticis folius effe Judicis Regii apud Gallos, non confuetu-*

____

(a) *Ad cap.* 2. *de reftitut. in* 6º. *verbo* poffeffio.

dine, aut privilegio, sed jure proprio & jure Corona. (*a*)

Feraldus, explique son sentiment en termes équivalens. *In Regno Franciæ cognitio omnis possessorii, etiam inter Ecclesiasticos & pro rebus spiritualibus, spectat ad judicem sæcularem, non ex aliquo privilegio, sed jure proprio.* (*b*)

M. de Hericourt n'est pas d'un sentiment différent. » Il y a certaines matie-
» res, dit-il, où le temporel est mêlé avec
» le spirituel, & dont la décision dépend
» ordinairement de la possession , tels
» sont les bénéfices & les dixmes Ecclé-
» siastiques. Le possessoire de ces matie-
» res , qui consiste principalement dans
» le fait , est toujours porté devant les
» Juges séculiers. Cet usage, qui est im-
» mémorial en France , a été confirmé
» par les bulles de plusieurs Papes.

Ce Canoniste cite la bulle *Providentia*, de Martin V. donnée en 1425. (*c*)

Nous observerons que les bulles des Papes ne font point une autorité sur la matiere dont il est ici question : le droit de jurisdiction sur le temporel, de quel-

____

(*a*) Des Seigneuries ch. 14. n 27. & 28.
(*b*) *De Jurib. & privileg. Lilio. cap.* 11°.
(*c*) Loix Ecclef. prem. p. ch. 19. max. 6.

que nature qu'il ſoit, eſt un droit de la Couronne & vraiment royal : les biens pour être donnés à l'Egliſe & à ſes Miniſtres, ne ſont pas moins dépendans de la ſouveraineté du Roi, même après leur conſécration ; & on ſçait qu'en France ils ſont ſpécialement ſous la garde du Prince, parce qu'il en eſt le défenſeur & le protecteur. Ce n'eſt pas conſéquemment par l'uſage que nos Rois ont acquis le droit de juger & d'ordonner, ſoit par eux-mêmes, ſoit par leurs Officiers, des actions réelles des Clercs, & du poſſeſſoire des biens d'Egliſe ; car comme l'obſerve Fevret : *(a)*

   » Si ce droit étoit *ex conſuetudine præſ-* » *criptâ*, il s'en ſuivroit qu'ils le pour- » roient perdre, *per non uſum*, ou que » l'Egliſe, par une contraire poſſeſſion, » le pourroit preſcrire par la maxime » vulgaire, *unum quodque eo modo diſſolvi-* » *tur quo colligatum eſt*. Ce qui n'eût ja- » mais lieu dans le royaume ; car, tant » s'en faut que les Juges d'Egliſe ayent » pu prétendre par longue poſſeſſion, » *& veluti conſuetudine preſcriptâ*, la con- » noiſſance du poſſeſſoire bénéficial, ou

_____
(a) Liv. 4. ch 11, n. 2.

T iij

» autre, qu'au contraire on les a débou-
» tés par fin de non-recevoir, quand ils
» ont voulu propoſer & mettre en avant
» des faits de poſſeſſion, même immé-
» moriale, de connoître des actions poſ-
» ſeſſoires bénéficiales ou réelles. Et la
» raiſon de cela eſt, que la connoiſſance
» de tous poſſeſſoires appartient au Roi...
» c'eſt pourquoi les étrangers ſe ſont
» mépris, quand ils diſent : *Gallis conceſ-*
» *ſum eſſe ut de cauſâ poſſeſſoriâ beneficiali*
» *cognoſcerent per privilegium Pontificum.*
» Encore plus mal ont-ils voulu auto-
» riſer leur opinion par la bulle *Provi-*
» *dentia*, de Martin V. (a)

On peut ajoûter à la critique de Fevret, que la bulle de Martin V. eſt poſté-
rieure à l'Edit de Charles V. rapporté
dans la maxime précédente, & que l'ordre étant rétabli dans les juriſdictions
par cet édit, la bulle n'a pu être d'aucune utilité à cet égard.

D'ailleurs, il ſeroit aiſé de faire voir
que la Cour de Rome a varié ſur ce fait,
& qu'elle a accommodé ſa façon de
penſer aux tems & aux circonſtances.
Juſqu'à la conférence de Vincennes,
ſous Philippe de Valois, elle a laiſſé
les Clercs, comme dit M. Fleuri,

____

(a) Celle que M. d'Héricart cite.

(*a*) en possession de juger presque toutes les affaires, sans donner de bulles qui déclarassent que cette possession étoit une usurpation, & qu'il étoit de l'équité de rendre à César ce qui étoit à César.

On ne peut donc tirer aucune induction solide sur la question présente de la bulle de Martin V. parce que les Jurisdictions étoient, à peu de chose près, dans l'état où elles sont aujourd'hui, lorsque ce Pape l'a donnée, & que d'ailleurs il n'appartient qu'à celui qui peut donner, de confirmer.

M. de Hericourt dit encore : toute action réelle, même entre Clercs, & entre deux Eglises, doit être portée devant les Juges séculiers. Les Officiaux ne peuvent en connoître en aucun cas, sans abus ; cet Auteur, pour autorité, cite la Decrétale d'Aléxandre III. *ex transmissâ extra, de foro competenti.* (*b*)

Nous étendons l'incompétence des Officiaux, conformément aux maximes du royaume & à l'usage, sur le possessoire, même pour les choses spirituelles. En sorte que les Juges d'Eglise ne peuvent, sans abus, connoître dans la forme ju-

(*a*) Inst. au droit Ecclef. 3. p. ch. 1.
(*d*) *Ut suprà*, max. 18.

diciaire de tout poffeffoire , en fait de service divin, de l'ordre des proceffions, des préféances dans ces proceffions & à l'Eglife, des droits de paffer proceffionnellement croix haute ou baffe dans certains lieux , & d'autres matieres eccléfiaftiques.

En effet, tout poffeffoire fe réfout en dommages & intérêts, dont la connoiffance eft abfolument interdite aux Juges d'Eglife, à moins que la caufe pour laquelle il peut en être du , ne foit perfonnelle ; en ce cas l'Official pourroit y condamner un Eccléfiaftique, parce qu'il eft fon Juge naturel. C'eft la difpofition de deux arrêts du Parlement de Paris, l'un de 1690. & l'autre de 1729. *(a)*

Il faut en outre confidérer que l'effet de l'action dans le poffeffoire, eft d'opérer une maintenue; or, fuivant le principe, il faut avoir territoire qui donne force de contrainte, pour maintenir. Ainfi le Juge d'Eglife , n'ayant point de territoire , ne peut prononcer la maintenue; l'action conféquemment du poffeffoire, feroit fruftratoire, fi elle étoit portée à fon tribunal.

____

(*a*) Dans le Journal des Aud.

Fevret rapporte plusieurs arrêts dans l'espéce présente ; un qui se trouve dans le recueil de Louet, lettre r. n. 23. & 57. rendu au Parlement de Paris en 1513. & deux du Parlement de Dijon, le premier du 10 Mai 1611. & l'autre du 9 Novembre 1627. *(a)*

M. de Héricourt en rapporte deux du Parlement de Paris sur cette matiere, & plus nouveaux. L'un du 5 Mai 1669. & l'autre du 1 Février 1724. Leur disposition ne différe en rien de celle des anciens ; ce qui établit une jurisprudence constante, à laquelle on ne peut déroger sans abus.

M A X I M E   VII.

Le possessoire jugé, l'Official ne peut sans abus, connoître du pétitoire.

Les Juges d'Eglise ont long-tems été en possession de connoître du pétitoire des bénéfices, & d'autres matieres ecclésiastiques, même après le possessoire définitivement jugé. On convient encore que c'est la disposition des ordonnances de 1535, & 1539. mais l'un & l'autre n'ont jamais été accumulés.

(a) Liv. 4. ch. 11.

Ainsi, de quelle utilité pouvoit être alors le recours au Juge eccléfiaftique fur le pétitoire à celui qui avoit fuccombé au poffeffoire ; le jugement de Cour d'Eglife fur le pétitoire, quoique confirmé par trois fentences conformes, ne pouvoit réformer celui des Cours féculieres fur le poffeffoire ; c'étoit donc des procédures inutiles, des jugemens illufoires que ceux qui fe rendoient dans les Cours eccléfiaftiques dans ce cas, puifque malgré leurs fentences, celui en faveur duquel le Juge laïc avoit jugé la poffeffion, y demeuroit maintenu & gardé, fans pouvoir être troublé.

M. l'Avocat Général Bignon, eft un des premiers qui ait fait voir l'inutilité du recours au Juge d'Eglife pour le pétitoire, le poffeffoire étant jugé. » En ma- » tiere bénéficiale & fpirituelle, difoit » ce Magiftrat, la poffeffion nue & de » fait n'eft aucunement confidérable, il » faut examiner les titres & capacités des » contendans ; *beneficium fine canonicâ inf-* » *titutione poffideri non poteft :* voir s'ils font » légitimement & canoniquement pour- » vus, fi les titres font vicieux, nuls, » obreptices ou fimoniaques : en leur » difcuffion & examen gît toute la caufe.

De-là les Parlemens jugent les procès en ces matieres, sur l'examen des titres, sans lesquels il n'y a point de possession légitime, & pour éviter des longueurs & des procédures inutiles, la jurisprudence de leurs arrêts a rejetté comme abusif le recours au Juge Ecclésiastique pour le pétitoire, le possessoire étant définitivement jugé.

Arrêt du Parlement de Paris rendu à la Grand-Chambre le 1 Février 1724. dans lequel il est dit y avoir abus dans la sentence de l'Official d'Amiens, rendue sur une demande au pétitoire, pour raison de dixmes, après que le possessoire avoit été jugé par le Juge Royal.

Quoique nous ne traitions point ici des régles que l'on suit en France dans les jugemens, nous croyons cependant devoir observer, que celles prescrites dans les décrétales, n'y sont observées que lorsqu'elles se trouvent conformes aux ordonnances de nos Rois & à nos usages, ou lorsqu'elles sont autorisées de la loi du Prince, qui en ordonne l'exécution.

C'est pourquoi la Clementine *causa*, *cap. unic. de causâ possess. & propr.* sur le possessoire & le pétitoire, n'est point reçue dans notre droit , non plus que la décrétale de Céleſtin III. *ad ultimum*, *extra, cap.* 2. ni celles d'Innocent III. *Paſtoralis , cap.* 5°. & *cum dilectus , extra. cap.* 6°.

Maxime VIII.

L'Official ne peut dans aucun cas, ſans abus, condamner à l'amende.

L'Egliſe n'a point de fiſc, & il ſuit de ce principe l'Official ne peut , ſans entreprendre ſur les droits du Roi & ſur ſon autorité , condamner à l'amende.

Les peines pécuniaires auſquelles il condamne ſes juſticiables, doivent être modiques , & parce qu'elles ne peuvent être ordonnées que comme une pénitence, elles doivent être appliquées à des œuvres pieuſes ; de ſorte , que ſuivant l'eſprit du Concile de Bordeaux de 1583. non-ſeulement l'Official ne peut convertir à ſon profit , ni à celui de l'Evêque, ces peines pécuniaires , mais il doit encore en les ordonnant , déſigner & ſpécifier à quoi elles ſeront appliquées , de peur que l'on ne ſoupçonne qu'il ſe les approprie.

La diſcipline de ce Concile ſur cette matiere, eſt conforme à celle du Concile de Trente, au chapitre 5 de la 25. session ; il y'est dit : *sed liceat eis si expedire videbitur, in causis civilibus ad forum Ecclesiasticum quomodo libet pertinentibus, contra quos cumque, etiam Laicos, per mulctas pecuniarias quæ locis piis ibi existentibus, eo ipso quod exacta fuerint, assignentur. ... procedere.*

La Jurisprudence des Parlemens du royaume, a une disposition semblable. Chopin (*a*) rapporte plusieurs arrêts, qui ont déclaré abusives des sentences d'Officiaux, qui ordonnoient des mulctes, sans dire à quoi elles seroient appliquées.

MAXIME IX.

L'Official ne peut, sans abus, connoître des contestations pour le payement des procédures faites à son tribunal.

On ne conteste pas à l'Official qu'il ne puisse taxer les dépens des procédures faite à son tribunal. Il est de sa compétence de régler le salaire & les vacations des Procureurs & des Greffiers de sa jurisdiction ; mais sur un refus de la part des parties de payer ce qui aura été réglé, l'Official ne peut rendre une sen-

______
(*a*) *Sacra Pol. lib.* 2. *tit.* 3. *n.* 10°.

tence, pour y contraindre la partie re-
fufante.

Ces dépens deviennent action réelle,
& fuivant la maxime que nous avons
établie comme de droit, l'Official ne
peut, fans abus, connoître d'aucune action réelle, même entre Clercs.

Si les parties font des Laïcs, l'Official
eft encore moins Juge compétent dans
cette caufe. Le Procureur ou le Greffier
en ce cas eft demandeur, & conformément au principe, *actor fequitur forum rei*,
il doit citer le défendeur par devant fon
Juge naturel, qui eft le Juge Royal.

L'Official, ne peut donc, fans abus,
connoître de ces conteftations dans aucun cas.

CHAPITRE XI.

Des cas où il y a abus dans les Procédures & dans les Jugemens des Officiaux, en matiere criminelle.

MAXIME I.

IL faut obſerver que tout crime eſt *naturellement* du for dont eſt la loi à laquelle il eſt fait contravention ; ainſi, pour connoître ſi un crime eſt Eccléſiaſtique ou Laïc, il n'y a qu'à conſidérer la ſource & le principe de la loi qu'il viole.

Si c'eſt de l'autorité Eccléſiaſtique ſeule, que la loi ou le précepte émanent, le crime eſt purement eccléſiaſtique.

Si c'eſt de l'autorité de la Puiſſance temporelle, il eſt laïc, & de la Juſtice ſéculiére.

Et ſi enfin, l'une & l'autre Puiſſance preſcrivent, ou ſéparément, ou conjointement la même choſe, celui qui contrevient eſt naturellement juſticiable de l'une & de l'autre Puiſſance ; le délit eſt mixte & commun.

Nous diſons que celui qui contrevient à la loi faite par les deux Puiſſances eſt *naturellement* leur juſticiable. Il ne l'eſt cependant pas toujours & même il ne l'eſt pas ordinairement, eu égard aux priviléges accordés aux Eccléſiaſtiques, qui occaſionnent une attribution particuliere de juriſdiction.

Ces priviléges font diſtinguer entre les délits que les Eccléſiaſtiques commettent. Les uns font ſimples, les autres communs, & d'autres privilégiés.

Les délits ſimples des Eccléſiaſtiques font ceux qui n'intéreſſent pas la ſûreté publique, qui ne bleſſent point l'autorité du Roi , & qui ne méritent d'autre punition que celle que peut ordonner le Juge d'Egliſe.

Les délits communs font des crimes dont la punition regarde les deux Puiſſances , comme font ceux qui offenſent directement la Religion , & qui en cela troublent l'ordre & la police de l'Etat.

Les délits privilégiés font les crimes de Lèze-Majeſté, & autres qui font directement contraires à l'autorité du Roi,

au

au gouvernement de l'Etat, à la sûreté
publique, au bon ordre de la justice, &
dont la réparation doit se faire par des
peines, que les Magistrats sont seuls en
droit de prononcer.

Toute infraction, par exemple, des
loix du Souverain, est une entreprise sur
son gouvernement, & un mépris de son
autorité, qu'il est de son intérêt de punir
dans la personne de ses sujets, sans dis-
tinction d'état, lorsqu'ils s'en rendent
coupables. *Eo ipso*, dit Bourdin, *quod
legem statutariam violarunt Clerici, privilegiati delicti ratione, curiæ Laicæ subjiciun-
tur & ab eá plecti possunt.* (a)

Cette infraction est donc un crime
pour lequel le privilége attribué aux
Ecclésiastiques, d'être jugés par d'autres
Ecclésiastiques, n'a pas lieu; c'est le cas
privilégié dont la connoissance, suivant
les loix de l'Etat, est attribuée aux Juges
Royaux.

Le délit purement ecclésiastique est de
la compétence des Juges d'Eglise, soit
qu'il soit commis par un Laïc, ou par un
Ecclésiastique.

Le délit commun pour lequel on encou-

______

(a) Sur l'art. 5. de l'Ordonn. de 1539.

re les deux fortes d'excommunications ; fçavoir, comme difent les Canoniftes, *latâ fententiâ*, ou *ferendâ fententiâ*, rend même les Laïcs jufticiables des Juges d'Eglife.

Le délit commun que les loix humaines puniffent de peines capitales, rend, fuivant nos ufages, les Laïcs feulement jufticiables des Juges Royaux, au Tribunal defquels leur procès eft fait fans y appeller les Juges d'Eglife.

Le renvoi des Eccléfiaftiques aux Juges d'Eglife, eft de trois fortes. La qualité du délit dont ils font prévenus forme cette diftinction.

Si le délit dont l'Eccléfiaftique eft coupable n'intéreffe point le miniftere du Magiftrat, que ce ne foit qu'une fimple défobéiffance aux feules régles eccléfiaftiques & canoniques, le Juge Royal eft tenu de renvoyer l'Eccléfiaftique à fon Supérieur pour procéder feul, & ordonner non une peine proprement dite, mais une correction ou pénitence, conformément aux régles des canons.

Si le délit eft commun, mixte, & fans cas privilégié, l'Eccléfiaftique prévenu doit jouir du privilége de n'être jugé que par des Juges d'Eglife, & le Juge Royal dans ce cas doit le leur renvoyer également.

Quoique tout délit commun soit une offense contre le Droit Civil & le Droit Ecclésiastique, il n'arrive pas toujours qu'il y ait du cas privilégié dans tous les délits communs, mais le cas privilégié emporte nécessairement offense contre le droit Ecclésiastique.

Ainsi, l'Ecclésiastique prévenu de crime privilégié, pour le délit commun qui s'y trouve, doit être renvoyé au Juge d'Eglise, pour instruire son procès conjointement avec le Juge Royal.

Cette forme de procéder conjointement contre les Ecclésiastiques, pour les crimes graves, & qui méritent par leur énormité, des peines temporelles est très-ancienne ; on en trouve des vestiges sous l'Empereur Justinien.

Alors, les Evêques procédoient à la dégradation des Prêtres, & leur imposoient des peines canoniques, & les Magistrats les condamnoient d'ailleurs, suivant les loix.

Les canons du Concile de Mâcon de 581. & de celui de Paris de 577. l'ordonnance de Clotaire II. de 615. pour la réception de ce dernier Concile, les Capitulaires de Charlemagne, & singuliérement celui de l'année 809. Cap. 21.

ſont des monumens qui prouvent l'anti-
quité des uſages préſens ſur l'inſtruction
des procès des Eccléſiaſtiques en matieres criminelles, fixés par l'article 22..de
l'Edit de Melun, confirmés par celui du
mois de Février 1678. & par l'article 28.
de celui de 1635.

On ſçait que pendant pluſieurs ſiécles
intermédiaires du ſixiéme au quinziéme,
cet ordre dans les Juriſdictions a été totalement troublé ; mais on en peut fixer la
cauſe à l'autorité des fauſſes Décrétales,
que leur donna l'anéantiſſement de
l'autorité Royale, preſque autant que
l'ignorance du ſiécle dans lequel elles
parurent.

Il reſteroit à ſpécifier les cas privilégiés dans les obſervations que nous venons de faire ; mais ſur ce point nous
ſuivons le ſentiment de d'Argentré. Ce
Juriſconſulte dit, *Cujuſmodi ſint caſus
privilegiati, nullâ uſque ferè lege comprehen-
ſum eſt.*

Ceci paroît bien plus certain que l'é-
numération que Fevret, que Blondeau
ſur Bouchel, & que d'autres Canoniſtes
en ont fait.

C'eſt pourquoi je me renferme dans
ces obſervations générales ; il ſera aiſé

de connoître. de quelle nature font les délits dont les coupables feront prévenus, par les notions que je donne ici des différens crimes ; & conféquemment s'ils les rendent jufticiables des Juges Royaux, ou des Juges Eccléfiaftiques, ou de tous les deux à la fois.

D'ailleurs, les cas particuliers d'abus qui font expofés dans ce Chapitre, doivent fervir d'exemple pour l'application de ces principes généraux, à d'autres cas particuliers que l'on ne peut prévoir.

Du trouble fait au Service Divin, foit par des Laïcs, foit par des Eccléfiaftiques.

Le Droit Romain met au nombre des crimes capitaux le trouble fait au fervice divin. *Si quis*, dit la Novelle 123. cap. *31. cum facra minifteria celebrantur in fanctam Ecclefiam ingrediens Epifcopo aut Clericis aut Miniftris aliis Ecclefiæ injuriam inferat, jubemus hunc verbera fuftinere, & in exilium mitti ; fi vero hæc facra Minifteria conturbaverit, aut celebrari prohibuerit, capitaliter puniatur. Hoc ipfo & in Litaniis, in quibus Epifcopi aut Clerici reperiantur cuftodiendo.*

Les Ordonnances du Royaume ne sont pas moins rigoureuses sur cette matiere. Telle est la disposition d'un Capitulaire de Charlemagne.

Si quis in hoc genus sacrilegii proruperit, ut in Ecclesias earumque res irruens, Sacerdotibus ac Ministris, vel ipso cultui locoque aliquid quod non oporteat, injuriæ inferat ; divini cultûs injuriam convictus sive confessus, reus capitali sententiâ noverit vendicandum (a)

Il faut observer que, suivant l'esprit de ces loix, le trouble au service divin, pour être crime capital, doit être accompagné de scandale, d'émotion publique & d'autres circonstances graves; s'il est tel en effet, soit que ce soit un Ecclésiastique qui s'en soit rendu coupable, soit que ce soit un Laïc, il est cas privilégié ; & dès-lors l'Official ne peut, sans abus, donner aucune citation pour procéder à sa réparation.

Si c'est au contraire un Ecclésiastique, il doit appeller à l'instruction du procès le Juge Royal ; de même que le Juge Royal, s'il est saisi de l'affaire, ne doit passer outre à aucunes procédures, que

______

(a) Lib. 6. cap. 11.

conjointement avec l'Official, après la
revendication du Promoteur, ou la demande du renvoi par l'accufé, conformément à l'arrêt de Réglement du Parlement de Paris, rendu le 31. Janvier
1702. en conformité de l'article 11. du
titre 1. de l'Ordonnance criminelle de
1670.

Cet article porte. » Nos Baillifs, Sé-
» néchaux & Juges Préfidiaux connoî-
» tront privativement à nos autres Juges
» & à ceux des Seigneurs, des cas Royaux
» qui font crimes de Léze-Majefté en
» tous les chefs, facrilége avec effraction,
» rébellion aux mandemens émanés de
» nous & de nos Officiers, la Police
» pour le port des armes, affemblées illi-
» cites, féditions, émotions populaires,
» force publique, la fabrication, l'alté-
» ration ou l'expofition de fauffe mon-
» noye, correction de nos Officiers,
» malverfations commifes par eux en
» leurs charges, crimes d'héréfie, *trou-*
» *ble public fait au fervice divin*, &c. «

Si au contraire ce trouble confifte en
fimples irréverences, ce n'eft plus qu'un
délit commun, dont la connoiffance
appartient à l'Official, fi c'eft un Clerc
qui l'ait commis, & au Juge Royal, fi
c'eft un Laïc.   V iiij

MAXIME II.

L'Official ne peut , sans abus, recevoir une plainte portée par un Prêtre contre un Laïc , par lequel il auroit été batu ou injurié.

Des injures dites à un Prêtre par un Laïc, suivies de mauvais traitemens , font un crime capital pour la vindicte duquel le Juge d'Eglise n'est pas compétent.

L'Official commettroit abus , s'il recevoit en ce cas la plainte du Prêtre , afin d'obtenir des dommages & intérêts.

Cet ordre est établi du régne de Charlemagne. Ce Prince dans un de ses Capitulaires , déclarant l'atrocité de ce crime , déclare en même tems l'incompétence des Juges d'Eglise pour sa réparation. Le motif principal de cette disposition est fondé sur ce que l'on doit penser que les Ecclésiastiques , étant obligés par état à pardonner les injures , celles qu'on leur feroit demeureroient impunies , si le Prince leur en abandonnoit la poursuite.

Telle est cette Loi. *Si quis in hoc genus sacrilegii proruperit , ut in Ecclesias earumque res irruens , Sacerdotibus ac Ministris ,*

vel ipſi cultui locoque aliud quod non opor-
tet injuriæ inferat, divini cultûs injurians,
convictus ſive confeſſus reus capitali ſenten-
tiâ noverit vendicandum , nec expectetur ut
Epiſcopus injuriæ propriæ ultionem depoſcat
cui ſanctitas ignoſcendi ſoli gloriam dereli-
quit. (a)

Ce délit eſt cependant de ceux que l'on appelle, *utriuſque fori* , & le Juge d'Egliſe conformément au Canon , *ſi quis ſuadente diabolo.* 29° C. 17ᵈ. q. 4ᵈ. doit frapper de l'excommunication celui qui s'en eſt rendu coupable ; mais ſuivant nos uſages, & la juriſprudence de tous les Parlemens, l'Official ne peut en inſtruire l'accuſation.

La notoriété du délit ne ſuffiroit pas non plus pour qu'il pût, ſur la requête du Promoteur , prononcer la ſentence d'excommunication ; la notoriété en France ne diſpenſe pas de la ſolemnité des preuves.

Enfin , ce délit doit s'inſtruire en Cour ſéculiére , comme tous autres qui intéreſſent la ſûreté publique ; & lorſ-qu'il s'en trouve , pour la réparation deſquels le droit Eccléſiaſtique a établi

____

(a) Dans Baluſe , t. 1. p. 521.

des peines, le Promoteur peut feulement fur le jugement du Magiftrat, qui aura déclaré l'accufé atteint & convaincu, requerir que l'Official le déclarera avoir encouru la cenfure ordonnée par les canons.

Voyez Auxboux, dans la troifiéme partie de fa Pratique des Officialités, & Imbert dans la fienne, *L. 3. ch. 7.*

Si c'eft au contraire l'Eccléfiaftique qui ait injurié & maltraité de coups, & que le cas ne foit pas cependant de nature à mériter peine afflictive & infamante, le Laïc peut à fon choix, traduire l'Eccléfiaftique, ou au Tribunal du Juge Royal, ou à celui de l'Official; & celui de ces deux Juges devant lequel l'action aura été premiérement portée, eft en droit d'en connoître feul privativement à l'autre.

Cet ufage eft fondé fur plufieurs arrêts, dont deux du Parlement de Rouen, l'un de 1605. rapporté par Farget, (a) qui confirme la fentence du premier Juge qui avoit dénié à un Eccléfiaftique fon renvoi pardevant l'Official, fur l'action d'injure intentée contre lui par un Laïc.

____

(a) Des Perf. & chof. Ecclef. Somm. 9.

L'autre de 1664. rapporté par Basnage, (*a*) par lequel il fut jugé que l'action en simples injures intentée contre un Prêtre, étoit de la compétence du Juge Royal.

Et deux autres arrêts du Parlement de Paris, le premier de 1690. rapporté au Journal des Audiences, & l'autre de 1729. par lesquels il a été jugé que l'Official peut connoître de ce cas, & condamner son justiciable en dommages & intérêts.

MAXIME III.

L'Official ne peut dans aucuns cas connoître sans abus, des délits des Laïcs pour la réparation desquels il ne peut prononcer de peines.

Du principe établi dans la Maxime précédente, que le Juge d'Eglise ne peut connoître d'un délit qui intéresse la sûreté publique, & qui trouble l'ordre de la police, il faut conclure.

1°. Que l'Official ne pourroit sans abus, instruire le procès d'un Laïc qui auroit commis un crime qualifié, même dans son Auditoire & en sa présence; il

(*a*) Sur l'article premier de la Coutume de Normandie.

peut feulement faire prendre au corps le coupable, & enfuite il doit le renvoyer au Juge Royal.

Plufieurs Jurifconfultes penfent cependant que pour le crime de faux commis par un Laïc dans une dépofition, l'Official peut, fur l'aveu fimple du faux, s'il n'y a point de partie civile qui pour ce demande d'être reçue, condamner le coupable fans inftruction à une aumône.

2°. Que l'Official ne peut fans abus connoître du concubinage des Laïcs, & des autres crimes qui occafionnent le défordre. Ils n'appartient qu'aux Magiftrats d'interpofer leur autorité pour faire ceffer tout défordre, parce que c'eft à eux feuls à qui le foin de maintenir l'ordre eft confié.

Le paragraphe *Cum omne* 11. *de Concubinariis*, tit. 19°. de la Pragmatique, ratifié dans le titre 13. du Concordat *de publicis Concubinariis*, doit s'entendre de l'obligation des Pafteurs de travailler à la converfion des concubinaires par de falutaires exhortations, & par l'exemple d'une vie chafte & toute fainte, & non pas d'un pouvoir qu'il leur donneroit de procéder contre eux dans les formes de la jurifdiction contentieufe.

Il faut étendre cette régle même aux concubines des Ecclésiastiques ; il est certain que la jurisprudence des arrêts de tous les Parlemens du Royaume, défend aux Juges d'Eglise de procéder contre elles pour ce crime ; on regarderoit comme entreprises manifestes les procédures criminelles, & les citations que l'Official feroit en ce cas.

Enfin, il est de principe, que les Officiaux ne peuvent sans abus, connoître d'autres délits des Laïcs, quand même ils feroient Officiers de leur Cour, que de ceux qui ne méritent pas de plus grandes peines, que celles que l'Eglise peut décerner.

Voyez sur ces matieres Papon, dans ses arrêts, livre premier, titre 4. de la jurisdiction Ecclésiastique. Bergeron, dans ses Nottes sur cet article, & Mornac sur la Loi *cum Clericis* 25. Cod. *de Episc. & Cleric.*

M a x i m e IV.

L'Official commettroit abus dans ses procédures, s'il n'appelloit le Juge Royal pour le cas privilégié, de même que le Juge Royal le commettroit après la révendication du Promoteur pour le délit commun.

L'Official ne peut paſſer outre ſans abus, à l'inſtruction du procès d'un Clerc ſans appeller le Juge Royal, s'il y a du cas privilégié, ainſi que le Juge Royal ne peut continuer ſes procédures que conjointement avec l'Official, après la révendication du Promoteur, ou après que l'accuſé a demandé ſon renvoi; c'eſt la diſpoſition d'un arrêt de Réglement rendu au Parlement de Paris le 31 Janvier 1702. en conformité du trente-huitiéme article de l'édit de 1695.

Cet article porte: ›› Les procès crimi-
›› nels qu'il ſera néceſſaire de faire à tous
›› Prêtres, Diacres, Soudiacres, ou
›› Clercs vivans cléricalement, réſidans
›› & ſervans aux offices, ou au miniſtere
›› & bénéfices qu'ils tiennent en l'Egliſe,
›› & qui ſeront accuſés des cas que l'on
›› appelle Privilégiés, ſeront inſtruits
›› conjointement par les Juges d'Egliſe
›› & par nos Baillifs & Sénéchaux, ou
›› leurs Lieutenans, en la forme preſcrite
›› par nos ordonnances, & particuliére-
›› ment par l'article 22. de l'édit de Me-
›› lun, par celui du mois de Février
›› 1678. & par notre déclaration du mois

» de Juillet 1684. lesquels Nous voulons
» être exécutés selon leur forme & te-
» neur. «

Article 22. de l'édit de Melun. » L'inf-
» truction des procès criminels contre
» les personnes Ecclésiastiques pour les
» cas privilégiés , sera faite conjointe-
» ment, tant par les Juges desdits Ecclé-
» siastiques, que par nos Juges; & en ce
» cas seront ceux de nosdits Juges qui
» seront commis pour cet effet , tenus
» aller au Siége de la jurisdiction Ecclé-
» siastique. «

Edit du mois de Février 1678. » Ce
» faisant, que l'instruction desdits pro-
» cès, pour les cas privilégiés , sera faite
» conjointement, tant par les Juges d'E-
» glise, que par nos Juges , dans le ref-
» sort desquels sont situées les Officiali-
» tés , & seront tenus pour cet effet nof-
» dits Juges , d'aller au Siége de la juris-
» diction Ecclésiastique, sinon dans leur
» ressort, sans aucune difficulté , pour y
» étant, faire rédiger les dépositions des
» témoins , interrogatoires , récollemens
» & confrontations, par leurs Greffiers ,
» en des cahiers séparés de ceux des
» Greffiers des Officiaux , pour être le
» procès instruit & jugé par nosdits Juges,

» fur les procédures rédigées par leurs
» Greffiers, fans que, fous prétexte que
» ce puiffe être, lefdits Juges puiffent
» juger les Eccléfiaftiques fur les procé-
» dures faites par les Officiaux pour
» raifon du délit commun. N'entendons
» néanmoins annuler les informations
» faites par les Officiaux, avant que nos
» Officiers ayent été appellés pour le cas
» privilégié, lefquelles premieres infor-
» mations fubfifteront en leur force &
» vertu, à la charge de récoller les té-
» moins par nofdits Officiers. Voulons
» pareillement, qu'en cas que lefdits
» Eccléfiaftiques euffent été accufés de-
» vant nos Juges, & vinffent à être ré-
» vendiqués par les Promoteurs des Of-
» ficialités, ou renvoyés pour le délit
» commun, en ce cas les informations
» & autres procédures faites par nofdits
» Juges, fubfifteront felon leur forme &
» teneur, pour être le procès fait & para-
» chevé, & jugé contre lefdits Eccléfiaf-
» tiques, pour raifon du délit commun,
» fur ce qui aura été fait par nos Juges
» du renvoi & déclinatoire. «

» Et en cas que le procès s'inftruifit
» aufdits Eccléfiaftiques, en l'une de
» nos Cours de Parlemens, Voulons que
» les

» les Evêques, supérieurs desdits Ecclé-
» siastiques, soient tenus de donner leur
» Vicariat à l'un des Conseillers Clercs
» desdits Parlemens , pour conjointe-
» ment avec celui des Conseillers Laïcs
» qui sera commis pour cet effet par les-
» dites Cours, être le procès fait & par-
» fait aux Ecclésiastiques accusés. «

Maxime V.

Les citations des contumaces à son de trompe & cri public , dans les Cours Ecclésiastiques , sont abusives.

Il est ordinaire dans les Cours Sécu-lieres de citer les accusés absens à son de trompe & cri public; mais il y au-roit abus si le Juge d'Eglise usoit de cette forme pour citer ses justiciables ; & cela fondé sur deux principes qui ne peuvent être contestés.

Le premier est, que le Juge d'Eglise n'ayant point de territoire , ne peut pu-blier ban , ni citer à cri public, ou par affiches sur celui du Roi ,que par autorité, de sa Majesté ou avec permission de ses Officiers.

Le second , que les Juges d'Eglise , dans les matieres civiles & criminelles étant Juges d'attribution , il faut une

loi formelle & précife , pour qu'ils puiffent déroger au droit commun.

Or, les Cours d'Eglife ne font point
comprifes dans le huitiéme article du titre
17. de l'ordonnance de 1670. qui établit
cette citation à cri public ; il n'y a pas
non plus ni édits, ni déclarations avant ou
après cette ordonnance , qui leur permettent d'en ufer. Ce feroit donc un droit
qu'elles s'arrogeroient, ce feroit une entreprife de leur part fur l'autorité du Roi.

Du Caffe , dans fa Pratique de la Jurifdiction contentieufe , chapitre 1. fection
1. établit un fentiment contraire. Mais
il eft évident que cet Auteur n'étant appuyé d'aucun principe , d'aucune loi ,
doit être abfolument rejetté fur ce point.

MAXIME VI.

Les Juges d'Eglife ne peuvent , fans
abus, ordonner la faifie & annotation
des biens des Eccléfiaftiques.

Les Cours fupérieures tiennent pour maxime , que les Eccléfiaftiques ne peuvent
fur le temporel, que ce qui leur eft fpécialement & expreffément attribué ; ainfi
quelques généraux que foient les articles
1 , 4 & 5. du titre 17 de l'ordonnance de

1670. qui permettent de procéder contre les contumaces par saisie de leurs
biens meubles & immeubles, on ne
peut dire que les Juges d'Eglise y soient
compris ; & qu'en conséquence, ils
puissent ordonner les saisies, il leur faudroit une attribution spéciale.

Rébuffe, sur le Concordat, titre *de*
regiâ ad Prælat. nom. fac. dit expressément :
Nulli judici Ecclesiastico competit manum
injicere, seu ut dicunt practici, saisire nec
sequestrare, ne partes veniant ad arma, nisi
fuerit judex regius, & si contrarium fiat vidi
appellari tamquam ab abusu anno 1537. die
2. Junii & fuit dictum bene appellatum & abu-
sivè concessum ab Archiepiscopo Senonensi, qui
sic concesserat.

Brodeau, sur Louet, n'est pas d'un
sentiment contraire, il établit pour principe, que le Juge d'Eglise n'ayant point
de territoire, ne peut, sans entreprise sur
l'autorité du Roi, donner permission de
saisir, ni ordonner un séquestre, même
à l'égard des personnes Ecclésiastiques.
Cet Auteur rapporte deux Arrêts du Parlement de Paris, l'un de 1628. & l'autre
de 1632. sur la Jurisprudence desquels il
appuye son sentiment.

Chopin pense également, *de Sacrâ polit.*
lib. 2. tit. 10. n°. 3.   X ij

C'eſt enfin la Juriſprudence des Parlemens du royaume, qui a été confirmée
par un arrêt ſolemnel de celui de Paris
rendu en 1707.

Les Officiaux ne pourroient ſe prévaloir à cet égard du 44 article de l'Edit de
1695. il eſt certain qu'il n'a point étendu leur compétence ſur cette matiere.

Maxime VII.

Il y a abus, ſi l'Official décerne un
exécutoire contre un Clerc accuſé, pour
les dépens, envers le Promoteur.

La Juriſprudence des Parlemens, conformément à la diſpoſition de l'article
159. de l'Ordonnance de 1539. veut dans
les cauſes où le Promoteur eſt ſeul partie,
que l'Evêque ſoit obligé de fournir les
ſommes néceſſaires pour la nourriture de
l'accuſé conſtitué priſonnier, de faire les
frais de ſa conduite aux priſons du Juge
ſupérieur, en cas d'appel, & à tous ceux
du procès généralement pour le délit
commun.

Cette Juriſprudence eſt étabile par pluſieurs arrêts de différens Parlemens.

Fevret (a) en cite pluſieurs qui ju-

____

(a) Liv. 4. ch. 3.

gent que les Officiaux, en aucun cas, ne peuvent, fans abus, condamner aux dépens envers le Promoteur.

Bardet (*a*) en rapporte un rendu à la Tournelle du Parlement de Paris, le 11 Mai 1630. dont la difpofition eft femblable.

L'Editeur des Mémoires du Clergé (*b*) en rapporte un autre du même Parlement, rendu le 3 Mars 1689. qui déclare abufive la fentence de l'Official de Langres, pour avoir condamné un Curé aux dépens envers le Promoteur.

Du Caffe, partie 2. à la fin, & par addition, de l'édition de Touloufe de 1704. en rapporte un du Parlement de Bordeaux, rendu le 5 Août 1704. qui après avoir déclaré abufive la fentence d'un Official, fur ce motif & pour cette raifon, fait défenfe aux Officiaux de fon reffort de prononcer de telles condamnations à l'avenir.

Enfin, Augeard en rapporte un du Parlement de Paris, rendu le 6 Février 1700. fur les conclufions de M. Joly de Fleury, alors Procureur Général, dont la

---

(*a*) Tom. 1. l. 3. ch. 104.
(*b*) Tom. 7. p. 871. derniere Edition.

difpofition eft égale à celle de tous ces autres arrêts.

Tels font les motifs qui déciderent ce Magiftrat à conclure que laCour déclarât abufive la fentence de l'Official de Sens, rendue fur la matiere dont il eft queftion.

» Les Evêques, difoit M. Joly de Fleury,
» & les autres Seigneurs qui ont obtenu
» des juftices du Souverain, fuccédent à
» fes droits & à fes obligations; ils doivent
» par conféquent foutenir les frais com-
» me le Souverain auroit fait, & en pren-
» dre les fonds fur les revenus des Evê-
» chés pour les Officialités, & fur le re-
» venu des autres terres aufquelles on a
» attaché le droit de juftice.

» Les Juges d'Eglife ne doivent pas
» prétendre être plus à charge au Corps
» Eccléfiaftique, que les Juges Séculiers
» le font aux Laïcs, ou à ces mêmes Ec-
» cléfiaftiques, lorfqu'ils font accufés de
» cas privilégié.

» Dans les premiers fiécles de l'Eglife,
« les fupérieurs Eccléfiaftiques ne travail-
» loient à réformer les mœurs que par
» la correction & la voie de la péniten-
» ce ; ils ne demandoient point alors de
» dépens contre les accufés. Si les Princes

» leur ont permis dans la suite pour le
» plus grand honneur de l'Eglife, de
» pourfuivre par la voie contentieufe, les
» Clercs criminels, qui étoient foumis
» aux Juges féculiers avant ce privilége,
» ils doivent le faire à des conditions qui
» ne foient pas plus onéreufes aux accu-
» fés, que fi la pourfuite s'en faifoit dans
» les autres Tribunaux.

» Si cette voie paroît aux Evêques
» trop onéreufe, ils peuvent s'en tenir à
» la fimple correction & à la pénitence,
» felon la forme des premiers fiécles. Il
» feroit bien plus conforme à leur état
» d'agir en pafteurs, que d'entrer dans les
» fonctions du Magiftrat.

M A X I M E VIII.

Il y a abus, fi l'Official ordonne la
queftion.

Conformément à la difpofition de l'article 1. du titre 19. de l'ordonnance de
1670. Il faut, pour que le Juge puiffe
ordonner la queftion, que l'accufation
foit d'un crime qui mérite la peine de
mort.

Or, l'ordre judiciaire demande que
ce foit par l'ordonnance des Juges qui

peuvent condamner à cette peine, que la queſtion ſoit donnée pour avoir l'aveu du crime qui la mérite ; les Juges d'Egliſe ne peuvent prononcer la peine de mort il y auroit donc abus s'ils ordonnoient la queſtion.

Tout crime qui mérite la peine de mort, eſt cas privilégié, & dont la connoiſſance eſt abſolument interdite aux Juges d'Egliſe. Ainſi les Juges d'Egliſe ne ſont point compris dans l'article 1. de l'ordonnance de 1670. qui fixe les cas où il eſt permis d'ordonner la queſtion.

Il eſt vrai cependant que les Juges d'Egliſe connoiſſent de certains crimes où il échoit peine de mort, mais ſeulement pour raiſon du délit commum ; & comme leur autorité eſt bornée à prononcer contre le criminel des peines canoniques, il eſt certain que ne pouvant condamner à la mort, ils ne peuvent auſſi condamner à la torture, qui en eſt le préparatoire.

Si la qualité du crime mérite qu'on ait recours à cette preuve, c'eſt au Juge ſéculier, qui connoît du cas privilégié, à qui il appartient de l'ordonner, parce que c'eſt à lui à condamner à la mort.

Puiſque les Juges d'Egliſe ne peuvent

condamner leurs justiciables à aucunes peines corporelles, ils peuvent encore moins ordonner une preuve préparatoire, qui est elle-même une peine corporelle, & qui en suppose une beaucoup plus rigoureuse dans le jugement définitif.

On doit ajoûter qu'il seroit d'une indécence proscrite par les canons, qu'un Ministre de Jesus-Christ assistât à la torture d'un criminel, & qu'il seroit encore plus contre l'esprit de l'Evangile, qu'il employât le supplice de la question pour la confession d'un crime. Cet esprit, qui est celui de la douceur, n'est point d'exposer les pécheurs à répandre leur sang, à souffrir la mutilation de leurs membres, & souvent la mort, pour l'aveu de leurs fautes.

D'ailleurs la question ne pourroit être appliquée que par un Clerc, ce qui est contraire à nos mœurs & à nos usages.

Si la question est ordonnée modérée; pour lors elle devient inutile. On ne peut pas encore dire que la mesure & la forme de la torture soient laissées à la décision des Juges.

Il y auroit enfin abus, suivant la jurisprudence de notre siécle, dans le jugement d'un Official , qui ordonneroit la queſtion.

MAXIME IX.

Peines que les Juges d'Egliſe ne peuvent ordonner ſans abus.

L'Egliſe peut infliger pluſieurs ſortes de peines ſpirituelles , elle peut auſſi en ordonner de temporelles.

Les peines temporelles ſont , ou corporelles , ou pécuniaires.

Les corporelles ſont le baniſſement , les galéres , la marque du fer chaud , le fouet avec infamie , & exécuté par le Maître des hautes œuvres ; l'amande honorable , la réparation publique , avec les circonſtances qui rendent cette peine infamante , le carcan , la mort.

Il y auroit abus dans la ſentence d'un Official , qui condamneroit un criminel à l'une de ces peines.

Les peines pécuniaires ſont des dépens , des amendes.

Les Juges d'Egliſe peuvent condamner pour réparation du crime , & par forme de pénitence & de mulĉte , à une aumone légere , applicable à des œuvres pieuſes , mais il ne peuvent ſans abus condamner à l'amende.

C'eſt la diſpoſition d'un canon du Con-

cile de Bordeaux de 1583. au titre *de
pænis. Prohibemus omnibus ordinariis , ut de
mulctis & pænis pecuniariis, nihil omnino in
fuam utilitatem convertant, fed eas pio alicui
loco , vel operi, applicandas curent.*

Probus, fur la Pragmatique , tit. *de
electio. §. quod fi quis præfumat*, dit fur le
mot *Ecclefia.*

*In Galliâ tamen quando pænæ pecuniariæ
non ordinantur per judices Ecclefiafticos ad
eas pias converti caufas, tamquam ab abufu
ad fupremas curias appellatur ut ab ordinato
contra facras fanctiones , vel fancta decreta,
quorum curiæ ipfæ Regis vices gerentes dicuntur protectrices.*

Rebufle , fur le Concordat. tit. *de public.
concub. §°. quia vero.* dit :

*Si Epifcopus vel Officialis non exprimat
ad quem pium ufum convertatur , videlicet
ad dandum tali pauperi , vel ad reparandam
talem Ecclefiam , licet dicat ad ufus pios con-
vertendam pecuniam , tamen ab eis folet appellari ab abufu ad Magiftratum qui hunc abu-
fum reformat.*

Chopin *(a)* & Bacquet *(b)* rapportent
plufieurs arrêts , dont la difpofition eft
conforme au principe des Auteurs que
nous venons de citer.

(*a*) *De facrâ polit. lib.* 2°. *tit.* 2.
(*b*) Chap. 7. des Droits de Juftice. n. 26.

Les Juges d'Eglife peuvent encore par leurs fentences, déclarer les Clercs bénéficiers convaincus de crimes, qui felon les canons & nos ufages, font vacquer leurs bénéfices de plein droit, ou les déclarer incapables, fuivant les mêmes régles, d'en poffëder à l'avenir ; mais il eft de principe en France qu'ils ne peuvent en aucuns cas, & pour quelques crimes que ce foit, les priver ni pour un tems, ni pour toujours, des gros fruits de leurs bénéfices.

Ces maximes font folidement établies dans le Commentaire fur les Libertés de l'Egl. Gall. art. 33.

L'Auteur qui les a recueillies, dit dans fon Commentaire, que les Juges d'Eglife n'ont autre peine que la pénitence & l'excommunication, fuivant les principes du Droit canonique ; *cum non habeat Ecclefia, ultra quid faciat, per fecularem comprimendus eft poteftatem, ita quod ei deputetur exilium vel alia legitima pœna inferatur. Cap cum non ab homine 10°. extra, de judiciis.*

»„Car les peines, continue cet Auteur,
» appartiennent naturellement au fifc, &
» les Eccléfiaftiques n'ont ni territoire,
» ni fifc, & de fait, fi le bénéficier a failli,
» il peut être privé *ab altari*, par le Juge

» d'Eglife, pour lui ôter les menues dif-
» tributions, mais pour le regard des gros
» fruits, c'eft le Procureur du Roi qui les
» fait faifir.

Mais y auroit-il abus, fi le Juge d'E-
glife condamnoit à des dommages & intérêts envers la partie civile ?

Cette queftion doit être regardée juf-
jourd'hui comme indécife, parce que la
jurifprudence des Parlemens eft diifé-
rente à cet égard.

Celui de Paris permet aux Officiaux
de faire droit fur les dépens dommages &
intérêts ; fondé fur ce que, s'ils étoient
obligés de renvoyer les parties pardevant
le Juge Royal, le privilége Clerical feroit prefque anéanti. Il ne refteroit en
effet, aux Juges d'Eglife que la connoiffance des caufes où le Promoteur feroit
feul partie ; parce que dans la plûpart des
délits communs des Clercs, les parties
civiles concluent aux dépens, dommages & intérêts. Les Juges Royaux, fous
prétexte que les Juges d'Eglife ne pourroient faire droit fur ces conclufions,
leur ôteroient la connoiffance de toutes
les affaires, où il faudroit, comme nous
venons de le preffentir, que les parties
effuyaffent deux procès pour le même
fait ; l'un devant l'official, pour la puni-

tion du crime, & l'autre devant le Juge Royal pour les dommages & intérêts.

D'ailleurs, nos Rois dans leurs ordonnances ont confervé les Clercs dans les priviléges, que d'abord ils leur ont accordés en matiere pure perfonnelle ; lorfque l'action en dommages & intérêts defcend d'une action perfonnelle, elle ne participe en rien de la réalité, & les Clercs font dans le cas de jouir de leur privilége.

Ce furent ces motifs qui déterminerent le Parlement à prononcer le 10. Février 1699. fur les conclufions de M. Dagueffeau, qu'il n'y avoit abus dans les fentences des Officiaux d'Amiens & de Rheims, qui condamnoient un Curé à mil livres de dommages & intérêts envers une femme qualifiée, pour réparation d'infulte publique, qu'il lui avoit faite.

Le Parlement de Bourgogne, celui de Touloufe & de Bordeaux ont une jurifprudence toute différente, & on peut dire qu'elle eft, fur cet article, conforme au plus grand nombre des Auteurs Jurifconfultes & Canoniftes.

M. Brunet, dans le parfait Procureur des Officialités, à la fin de fon Notaire Apoftolique, article 9. fection 2. p. 561. penfe que le plus sûr pour éviter l'appel comme d'abus, seroit de renvoyer les parties pour les dommages & intérêts, pardevant le Juge Royal.

Cet inconvénient d'essuyer deux Jurisdictions pour le même sujet, qui fait un motif décisif pour le Parlement de Paris, ne nous paroît pas devoir balancer les principes sur lesquels la jurisprudence des autres Parlemens est appuyée. Voici ces principes.

Le Juge d'Eglise n'est juge que par privilége, & il n'a point de territoire.

Le séqueftre & la saisie sont actes possessoires, qui se font sous l'autorité & la main du Roi, dont le Juge d'Eglise ne peut connoître, même à l'égard des personnes Ecclésiaftiques, parce que les Ecclésiaftiques sont nés sujets du Roi, & ne cessent de l'être, quoiqu'ils soient consacrés au Service des Autels.

Fevret rapporte plusieurs Arrêts de différens Parlemens, qui ont déclaré abusives les sentences des Officiaux, rendues sur le fait dont il est question.

Maxime X.

Il y a abus dans la sentence de l'Official, si les crimes de l'accusé n'y sont disertement énoncés.

Dans les caufes criminelles, les Juges d'Eglife font tenus d'exprimer & de faire l'énumération dans leurs fentences des chefs d'accufation. Ils ne peuvent prononcer *pour les cas réfultans du procès.*

Baffet, Liv. 2. de fon Recueil d'Arrêts du Parlement de Grenoble, au Titre 2. Chap. 10. rapporte un Arrêt de cette Cour du 30 Juillet 1638. qui déclare abufive une fentence de l'Official de Die, dans laquelle les crimes dont un Prêtre étoit déclaré atteint & convaincu, n'étoient pas exprimés.

C'eft la jurifprudence de tous les Parlemens du Royaume, & elle eft plus ftricte à cet égard pour les procès que les Officiaux inftruifent fans appeller le Juge Royal.

Il eft en effet de l'intérêt des Procureurs Généraux, d'être informés de la nature du délit pour lequel on procéde contre un Clerc, pour plufieurs raifons. La principale eft, que l'Official rendant publics les crimes de l'accufé, le Procureur Général arrête fes entreprifes, s'il a prétendu connoître de ceux qui ne font pas de fa compétence.

F I N.

TABLE

TABLE

DES MATIERES.

A

Y

B.

BIENS *de l'Eglise* : Les Bulles des Papes, &
autres Conſtitutions, ne pourroient préjudicier au droit de ſupériorité, d'honneur, de
juriſdiction & de profit qu'ont nos Rois ſur les
Eccléſiaſtiques & ſur les biens de l'Egliſe dans
leur Royaume. 125. 126. Droit reconnu par les
anciens Conciles dans nos Rois, de lever des
contributions ſur les biens de l'Egliſe, 127.

Breviaires, Miſſels, &c. ne peuvent être changés
de l'autorité privée de l'Evêque, 192. Réfutation du ſentiment de M. de Héricourt ſur ce
ſujet, 193. *& ſuiv*.

Bulles Des Papes, adreſſées à l'Egliſe Gallicane,
doivent être conforme à ſes régles de diſcipline,
à ſes uſages, à ſes conſtitutions, 115. Preuves
tirées des conſtitutions des Papes mêmes, 116.
117. C'eſt un article de nos Libertés, 119. Ces
Bulles ne peuvent établir aucun droit, ſi elles
ne ſont vues auparavant leur fulmination, &
examinées par les Officiers du Roi, 120. 121.
Si ces Bulles dérogent au droit général de l'Egl.
Gall. ou même au droit particulier de chaque
Egliſe, leur exécution eſt abuſive. 121. *& ſuiv*.
Réfutation du ſentiment de M. de Héricourt,
appuyé de celui de Fevret, ſur un cas particulier
de cette queſtion, 122. 123. 124. *& ſuiv*. Bulles
des Papes données aux Eccléſiaſtiques pour lever
des impots ſur les biens de l'Egliſe, ou pour les
aliéner, ſont abuſives, 125.

C.

CAnons : Les Evêques font les Canons & les

D.

E.

L.

M.

O.

P.

Q.

R.

REcours d'Eusebe Evêque de Dorilée, à l'Empéreur Marcien, pour l'observation des saints Canons, 9. De Bassien Evêque d'Ephese, a ce même Empereur, pour le même sujet : & de S. Athanase, condamné injustement dans le Concile de Tyr, 10. En France le recours au Roi, dans de pareilles circonstances, a toujours été d'usage, 14.

Regale, point de cas dans lesquels le Pape puisse y préjudicier : les bénéfices tombans en régale, & vacans *in curiâ*, ainsi que ceux que l'on appelle consistoriaux, vacans également *in curiâ*, ne peuvent être conferés par le Pape, sans le brevet du Roi, 142. 143. 144. *& suiv.*

Requête civile, Autre voie que les appellations comme d'abus, pour se pourvoir contre les jugemens des Tribunaux Ecclésiastiques, 53.

Rescrit de Légataire *in partibus*, donné par le Pape, ou son Légat, doit être adressé à un naturel ou naturalisé François, constitué en dignité, &c. 181. Les Rescrits collatifs de Cour de Rome, *in formâ gratiosâ*, & ceux *in formâ dignum*, doivent être adressés à l'Evêque Diocésain, ou à son Grand-Vicaire, 183. Le Rescrit donné aux Juges délegués *in partibus*, soit par le Pape, soit par le Légat, est abusif s'il contient quelque réserve, 184. Les Rescrits du Pape, ou de son Légat, donnés en France aux Juges délegués pour juger en premiere instance & sans appel, sont abusifs, 187.

drales & Collégiales , ne peuvent être changés de l'autorité privée de l'Evêque Diocèsain , 196.

T.

TRouble fait au Service divin , par qui il doit être puni. Voyez au mot *Service.*

V.

VIcaire Général ne peut être commis pour exercer la Jurifdiction volontaire & gracieufe par un nommé par le Roi à un Evêché , 216. Le Grand-Vicaire ne peut exercer fans abus , fi fa commiffion n'eft revêtue des formalités prefcrites , 218. Il ne peut tenir aucun bien à ferme de l'Evêque , ni même le Sécretariat , 221. Il ne peut fubdéleguer , 220. Cas où il le peut , 221.

Vicaireries , Léproferies , Chapellenies dans des Hôpitaux , &c. qui ne font point bénéfices , ne peuvent être conferés comme bénéfices par le Pape 166.

Vifa fur des provifions de bénéfices de Cour de Rome , doit être donné par l'Evêque Diocèfain , 182. L'Evêque ne peut , fans abus , refufer le *Vifa* au pourvu , s'il ne donne par écrit les caufes de fon refus , 201. Caufes que l'Evêque allégueroit de fon refus , abufives , 203. & *fuiv.* *Vifa* donné à un indigne , forme un abus , 206.

Vifite , Droit de vifite , foit de l'Evêque ou de l'Archidiacre , ne peut être exigé que conformément à l'ufage , de le payer & qu'une feule fois dans l'année , 211. & *fuiv.* & 225. L'Evêque dans fa vifite ne peut prononcer de juge-

Z

Fin de la Table des Matieres.